Honrarás a tu padre y a tu madre

Cristina Fallarás

Honrarás a tu padre y a tu madre

EDITORIAL ANAGRAMA
BARCELONA

Ilustración: © Jamorn22

Primera edición en «Panorama de narrativas»: febrero 2018
Primera edición en «Compactos»: junio 2023

Diseño de la colección: Julio Vivas y Estudio A

© Cristina Fallarás, 2018

© EDITORIAL ANAGRAMA, S. A., 2018
 Pau Claris, 172
 08037 Barcelona

ISBN: 978-84-339-2126-0
Depósito legal: B. 5625-2023

Printed in Spain

Liberdúplex, S. L. U., ctra. BV 2249, km 7,4 - Polígono Torrentfondo
08791 Sant Llorenç d'Hortons

A mi hijo Lucas y mi hija Pepa

I. El asesinato

1

Me llamo Cristina y he salido a buscar a mis muertos. Caminando. Buscar a mis muertos para no matarme yo. ¿Para vivir? No estoy segura. Convocarlos, dialogar con mis muertos.

De niña, el coronel me llamaba mostilla. Mostilla viene de mostillo, y mostillo viene de mosto. Zumo dulce sin fermentar. Masa de mosto cocido, que suele condimentarse con anís, canela o clavo, define mostillo el diccionario. El coronel olía siempre a algo que había sido dulce y ya era agrio. Su esposa María Josefa, la Jefa, llamaba muetes a los niños y muetas a las niñas. Muetas y muetes vienen de mocetas y mocetes.

Yo era mueta y mostilla. Ya no.

Entonces, de pequeña, yo tenía mucho miedo. Sobre todo en la oscuridad.
—¿De qué tienes miedo? —me preguntó un día mi madre.
—De los muertos —dije por decir y porque no me atrevía siquiera a pensar de qué tenía miedo. Mis terrores no tienen límite.

–No, cariñico –me contestó con gesto de sorpresa–, de los muertos no se puede tener miedo. Imagínate que un día apareciera aquí mi padre. ¡Qué alegría! –No sentí alegría alguna, ni entendí la suya–. Tendría muchísimas cosas que contarle. Qué alegría, hijica, no se puede tener miedo de los muertos. Hay demasiadas cosas que preguntarles como para andarse con esas tonterías.

EL 5 DE DICIEMBRE NO AMANECERÁ

Presentación Pérez echa una ojeada al retal de cielo que dibuja el ventanuco y murmura Mala señal, Santa Rita avisa. Después, Rosa en la altura, nieve segura, y se santigua. No hay café, no hay carbón, no hay piedad. Fuego o nieve, fulgor o advertencia, es una claridad criminal. La sangre siempre tiñe el cielo, ahí se anuncia y ahí permanece.

Presentación Pérez se toca las rodillas como quien da la última amasada al pan, el rosario enrollado en la muñeca derecha.

Creo en Dios, Padre todopoderoso, Creador del cielo y de la tierra. Creo en Jesucristo, su único Hijo, nuestro Señor, que fue concebido por obra y gracia del Espíritu Santo, nació de Santa María Virgen.

Se sienta en el poyete de la cocina a las tres y media en punto de la mañana. Su rutina es exacta, día tras día, hora tras hora. A esas alturas, en el momento justo en que pone las manos sobre las rodillas, aún deberían faltar cuatro horas y media largas para el amanecer helado de Zaragoza. Presentación Pérez cuelga de nuevo la mirada del ventanuco, allá arriba, por ver si era engaño de sueño, pero no. Es luz. Mala señal, Santa Rita avisa, sigue murmurando con una nueva amasada. El dolor de cristales negros en las rodillas la acompañará toda su vida, hasta que sesenta años después de este momento, en el pasillo de la casa de su hijo Félix, el menor, y cumplidos los ochenta y seis, caiga fulminada por un derrame cerebral.

Se apoya en la cocina de hierro. Extiende sus manos compactas y pulidas, toda ella prieta y redondeada, prieta, pequeña y blanquísima como la masa antes de entrar en el horno. No hay harina, no hay sal, no hay pan. Rebaña los restos combustibles que encuentra y cada movimiento para cargar la cocina es negro cristal, naranja el cielo. Entonces, con la carbonilla entre las uñas, calcula la hora y sonríe. Los ojos azulísimos de Presentación Pérez se iluminan y, como lo sabe, se pellizca los mofletes para conseguir un rubor que permanezca. La sobriedad estricta que ha sido su vida le impide buscar un espejo, ni siquiera una superficie donde comprobar su aspecto.

Cuando tararea una copla de doña Concha Piquer reconoce de memoria su aspecto. Lo verá dentro de unos minutos en los ojos de su hombre. Cada madrugada, desde el día mismo de su boda, siete años atrás, se ha levantado a las tres y cuarto en punto, ha encendido la cocina de carbón y se ha sentado a esperar la llegada de su marido, Félix Fallarás, al que llaman en el teatro el Félix Chico para diferenciarlo de su padre, el Félix Viejo. No hay calor, no hay hilo, no hay jabón. Entre el viso color carne y una toquilla de lana parda, tres capas más: camisón, bata gruesa y chaquetón de lana. Se inclina con el miedo diario a que el cordel de la basta toquilla prenda con el fuego del agujero.

Padeció bajo el poder de Poncio Pilato, fue crucificado, muerto y sepultado, descendió a los infiernos, al tercer día resucitó de entre los muertos, subió a los cielos y está sentado a la derecha de Dios, Padre todopoderoso.

Cuando Presentación Pérez vuelve a sentarse brilla de sudor. Al hacerlo, entre el borde de las prendas y el arranque de unas medias gruesas enrolladas, las rodillas son dos pelotas blancas que vuelve a amasar. Después llegará el Félix Chico y los dolores serán cosa del pasado, igual que la soledad negra, negro el recuerdo, negra una pena que dejó en el quicio de la parroquia el día de la boda como la última meada de un perro a punto de morir.

Desde allí ha de venir a juzgar a vivos y muertos.

Menea la cabeza aún con la vista en el naranja del cielo, Mala señal, y sale de la cocina rumbo al dormitorio en busca del diminuto reloj con cadenilla. Como cada día.

Creo en el Espíritu Santo, la santa Iglesia católica, la comunión de los santos, el perdón de los pecados, la resurrección de la carne y la vida eterna.

Amén.

El dormitorio de los críos es un cuarto de desconchones pulcros y baldosa lavada. Huele a sueño infantil, el aroma que desprenden los sueños sin miedo. Allí duermen sus hijos Luisín y Félix. Este 5 de diciembre Luisín tiene exactamente seis años, tres meses y nueve días. Félix, tres años, seis meses y un día.

Un día el Félix Chico le dijo a Presentación Tendremos nuestra casa. Las letras de la palabra *casa* dibujaron en el aire un hueco donde existir y ella empezó a llorar mansamente. Lloró el día entero y al siguiente y toda la semana. Ahora no puede pensar que las historias siempre parecen repetirse. Aún no podría hacerlo. Atiza el fuego con suavidad. Si llegara a prender con fuerza, no se perdonaría el despilfarro. No hay lumbre, no hay papel, no hay maderas.

Cuando Presentación Pérez tenía cinco años y su hermano Luis tres, después de dos meses de fiebre y rezos, murió su madre. Su padre, entonces, agarró a los críos de la mano, los llevó a casa de la abuela y allí los dejó. Después, ese mismo día, viajó hasta el pueblo donde había crecido y buscó a su novia de sus años mozos. La encontró casada con un pequeño ganadero local. Cinco mil pesetas le costó convencer al hombre de que se la llevaba consigo hasta Barcelona. No volvió a Zaragoza a por los hijos. Tuvo que estar enfermo de muerte para reclamarlos de nuevo, y aun así lo único que tuvo para ellos fueron cuatro reproches rancios y los gastos del hospital.

En cuanto Presentación cumplió los siete, la abuela aquella en cuya casa la depositó su padre consideró que ya tenía edad suficiente para aportar un jornal, así que la mandó a servir a casa de su segundo hijo, el hermano menor del que se había largado, un hogar con el padre y siete hijos varones, a los que Presentación sirvió en todo y para todo.

Me tenían que poner una banquetilla frente al fregadero para que llegara al agua. Siete décadas después me lo contó como una forma de recriminarme la vida, el disfrute, ese mundo mullido y fácil en el que me observaba crecer. A cambio, la familia le pasaba unos duros al mes a la abuela, y ella, Presentación, recibía comida, cama y jabón. Uno de los hijos, el mayor, le enseñó a dibujar las letras.

Cumplidos los doce, decidió que, servir por servir, mejor lo hacía en alguna casa que le pagara el jornal a ella misma, un empleo donde poder pensar al menos en el futuro.

Allí fue donde la encontró el Félix Chico siete años después, y en el portal de aquel mismo edificio de la calle Royo de Zaragoza la hizo llorar bajo las letras de aire de la palabra *casa* y con la idea de una casa propia y quién sabe si besos, y quién sabe si hijos.

En la cama, los críos sueñan desmadejados en franelas. Son una invitación al refugio. Valiente refugio, piensa

Presentación, una covacha seca de huesecillos tiernos. Como cada madrugada, comprueba que están cubiertos y que su sueño es hondo. En unos minutos llegará su padre, cansado de la jornada de trabajo en el teatro, moviendo decorados, telones, cambiando escenarios, y luego ordenándolo todo. Hacia las tres de la mañana acaba su turno. Un café, un pitillo, y a casa.

Su Félix Chico no es como el padre. Al Viejo le dan las claras entre soflamas y alcoholes. El Félix Viejo, capitoste de la UGT en Aragón, también tramoyista, beberá y tejerá muertes que nunca llevará a cabo, ataques y emboscadas de drama sin tablas, mientras su hijo vuelve a casa, encuentra a su mujer caliente de cocina y expectación, la abraza, la conduce a la cama, la vuelve a abrazar, y algunas veces hasta la hace llorar de nuevo.

En su reloj con cadenilla no han dado las cuatro de la mañana. Mira la claridad venenosa que se filtra tras las contraventanas. Hoy va a ser día de nieve a lo que parece, murmura flexionando casi nada las rodillas. Y luego, con la mano sobre la cadera de uno de los dos críos, no sabría decir cuál: Señor mío Jesucristo, Dios y Hombre verdadero, Creador, Padre y Redentor mío; por ser vos quien sois, bondad infinita, y porque os amo sobre todas las cosas, me pesa de todo corazón haberos ofendido; también me pesa porque podéis castigarme con las penas del infierno.

Ayudado de vuestra divina gracia, propongo firmemente nunca más pecar, confesarme y cumplir la penitencia que me fuere impuesta.

Amén.

2

Yo conocí a Presentación Pérez. Tallada en abedul, *betula pendula*. Blanco el abedul, blanca reciedumbre betulácea.

Dicen que de corteza de abedul son las canoas esquimales, que sirve para pisar, para evitar el hielo y para los caminos. La corteza de plata que señala el rumbo en los caminos.

Las tallas de abedul son claras, uniformes, sin apenas vetas, son fuertes. Sus interiores, sin embargo, no aguantan bien la intemperie. Ni la humedad.

Qué forma de brillar en inocencia, Presentación Pérez. Límpida carnedumbre de interior, Betula Pérez. Qué forma de haberse hecho con los golpes

y ser ya golpe.

Dicen en Japón que el abedul espanta a los demonios, el abedul símbolo de Azrael, arcángel de la muerte.

Con la rama tierna y plata del recuerdo de Presentación Pérez azotaría los labios de los cínicos hasta hacer de ellos una masa de pulpa y sangre, rama de abedul que espanta a los demonios, arcángel de la muerte, qué sabremos nosotros.

3

Me llamo Cristina y salí de Barcelona a pie hace cuatro días. Al amanecer. Eché a andar con la sensación flotante que imprime en el ánimo la total desposesión. Sencillamente eché a andar. No queda nada atrás. Nada de lo que fui. Nada de lo que tuve.

A la altura del cementerio de Montjuïc, me di cuenta de que partía, de que efectivamente había echado a andar sin nada más que lo puesto y no pensaba volver atrás, al menos siendo la que era.

En la falda del cementerio hubo en tiempos un puñado de viviendas cochambre donde se juntaban los yonquis más duros, los terminales de la heroína. Nosotros a veces íbamos en autobús para ser un poco malos. Nos drogábamos sin rozar el dolor. Malos de puro aburrimiento. Caminando por el borde de la autopista recordé a los desgraciados que acudían a pie hasta aquel moridero. A veces se tambaleaban peligrosamente apoyados contra el quitamiedos y los automovilistas tocaban las bocinas para sacarlos de su sopor. Ellos se rascaban entonces con saña.

Tardé más de lo que suponía en alcanzar las huertas del río Llobregat. La salida de Barcelona por el sur, junto al puerto de mercancías, se convierte en un scalextric de autopistas y vías de ferrocarril. Nadie camina por allí.

Echar a andar no es algo que pueda planearse. Uno planea una ruta, planea un camino, planea una excursión o una huida, pero echarse a andar sucede, y entonces se descubre como una forma de seguir viviendo, y también como la evidencia de que no hay a mano otra manera de hacerlo.

En las parcelas del Delta, cogí algunas frutas y tomates y me senté sobre los terrones de un lugar lleno de plásticos, a la sombra de una nave vacía aparentemente abandonada. Nunca había caminado por lugares sin calles ni caminos. Agradecí que el trayecto fuera plano.

—¿Qué se le ofrece?

Esa no es expresión para un negro. Eso pensé.

Me había quedado adormilada. Abrí los ojos y pensé exactamente eso, que aquella no era expresión para un negro. Parecían más bien términos para un abuelo de pueblo.

En España no hay abuelos de pueblo negros.

—Nada, muchas gracias.

—Hace calor. —El hombre tenía unos cuarenta años y vestía la camiseta de un equipo de fútbol con la palabra *Qatar* grabada en la pechera.

—Sí, mucho calor. ¿Es usted de Qatar?

—No, de Senegal. ¿Tiene cigarrillos?

No tenía cigarrillos ni nada de nada. Caí en la cuenta de que, por no llevar, ni siquiera llevaba encima el carné de identidad o algún billete. Nada. Eso era difícil de explicar.

—No, amigo. No llevo cigarrillos. —Abrí los brazos para que quedara claro que iba sin blanca. No tenía miedo, pero sí pensé que sería un engorro tener que echar a correr. Eran aproximadamente las tres de la tarde y a la sombra la temperatura superaba los treinta grados.

—¿Tiene algo?

No entendí la pregunta. ¿Qué es algo? Eso pensé: ¿qué quiere decir si tengo *algo*? No entendí la pregunta pero me pareció que un tipo que dice ¿Tiene algo? no debe de ser un tipo que te golpea para comprobarlo. Me levanté. Llevaba puestos unos vaqueros que había recortado algo más arriba de medio muslo y una camiseta de manga corta. Una no piensa en su aspecto cuando echa a andar. Metí las manos en los bolsillos y los saqué, dos pedazos de tela blanca. Entonces el hombre se sentó cerca de donde yo me había quedado adormilada, sacó un paquete blando de Lucky Strike y me ofreció un pitillo arrugado y caliente. El sol pintaba los terrones de un blanco sucio, exhausto. Me senté junto a él y permanecimos en silencio hasta que terminé el cigarrillo.

Al despedirme, no se levantó ni hizo ademán de darme la mano o un beso.

4

Anochecía cuando terminé de bordear el área del aeropuerto, una zona sembrada de alcachofas y naves industriales. Una nave industrial es lo único que da más miedo que la planta -4 de un aparcamiento. También pensé en restos humanos, niñas descuartizadas, trozos de uñas con restos de sangre seca entre lo granulado del cemento. Mis terrores no tienen límite. En algunos tramos corrí.

Cuando llegué de nuevo a la línea de la costa ya no me cabía ninguna duda de que iba a continuar andando, y que lo haría pegada al mar. El mar aclara mucho las ideas, porque tiene la costa, o sea el lugar donde la tierra muestra su borde. En el borde de la tierra una toma decisiones y puede contemplar sus pérdidas. Creí entonces saber hacia dónde me dirigía, cuál iba a ser el final. No estaba lejos.

Castelldefels era un buen lugar para la primera noche. Es un lugar confuso, abarrotado de apartamentos para clases medias que ahorraron cuatro perras en la Barcelona de los sesenta, y también con otro tipo de residencias, muchas menos, para controladores aéreos o jugadores de fútbol. La decadencia playera muestra siempre un punto pornográfico, de antiguas estrellas en remotas orgías, viejos bronceados minutos antes del suicidio.

Cuentan, está escrito, que allí se instalaron un par de cómicos muy populares en los años setenta. Y que, llegados allí, empezaron una vida de sexo y carreras automovilísticas que acabó con la compra de un hombre. Un esclavo negro. Leí en alguna crónica nostálgica que lo paseaban por las noches sin amanecer con collar y correa.

Cuentan también, y de esto doy fe, que un actor de la misma época venido muy a menos vende todavía hoy cocaína en un yate varado y pintado de oro, y que le acompaña la corista que ya entonces mostraba un par de tetas desinfladas, implanteables ahora.

Castelldefels era ese lugar de segundas residencias, desguaces, pizzerías argentinas y restos de serie ideal para una mitómana de mi calaña.

Pasé ante centenares de viviendas con los carteles de En venta colgando, y otras que anunciaban alquileres. Yo, a lo mío, iba haciendo recuento de lo que suelen guardar las segundas residencias: novelas malas, latas de atún y tarros de espárragos blancos, azúcar húmeda y cafeteras con incrustaciones de moho seco.

Eso esperaba y eso fue lo que encontré.

Elegí una casita a la salida del pueblo, frente a la playa, con mimosa, palmeritas y un cartelón amarillo en la puerta donde, sobre un número de teléfono, se indicaba que estaba disponible para alquilar. Bien podía ser la residencia de un escritor olvidado por los nuevos tiempos, un escritor que aún pergeñara sus libros a mano, un engorro para las agentes literarias. Además de las latas, encontré una buena colección de discos con el lomo pelado de aquellos que llamábamos elepés, negros, grandes y brillantes como el corazón de la bestia, un viejo tocadiscos, miles de libros y un mueble bar con botellas de whisky, coñac y ron oscuro.

No me hacía falta beber, me sentía agotada, pero bebí. Bebí como se bebe cuando ni el puño has notado antes de despertarte con la moradura, como cuando solo puedes seguir haciendo eso mismo. Luego, en algún momento sin luz, me dormí tratando de recordar la letra de un bolero de Bola de Nieve en el que el negro dice que tiene las manos cansadas.

Desperté al día siguiente con el sol ya en lo más alto, y volví a beber. Durante todo el segundo día no hice nada más que eso, hasta que cayó la noche. Bebí lentamente, sin ceremonia, sin prisa, sin pensamientos, con la certeza de que no estaba sola, de que alguien ahí atrás, yo misma por ejemplo, en algún sitio, agazapada, esperaba su ocasión.

En algún momento de la tarde, tras darme una ducha, me enfrenté en el espejo empañado con una mujer.

–¿Quién eres?
–Nadie ya.
–¿Quién coño eres?
–Ya veremos.

Al despertar, seguí mi camino. Todo quedó en orden. En la mochila que encontré colgada en la entrada metí dos botes de body milk, uno mediado de champú, la cafetera, un paquete de café sin abrir y un par de chancletas de playa.

Durante toda la mañana y parte de la tarde recorrí la carretera llamada de las Curvas, una vía puta que serpentea entre el mar y el macizo del Garraf como la bicha mala tras recibir una patada. Sube, baja y se retuerce sin arcenes. Pegada a los quitamiedos, recordé algo que se contaba entre los motoristas, en aquel tiempo en el que yo traté con motoristas. Decían que uno que había recorrido aquellos veinte kilómetros de curvas con su novia a la espalda se dio cuenta al llegar por fin al siguiente pueblo, Sitges, de que ella había perdido un pie. Por eso, aseguraban, salían todos de vez en cuando a exigir a las autoridades que sustituyeran los afilados quitamiedos de acero por otros, creo que de caucho o similar. Muchas veces le he dado vueltas a la posibilidad de que algo, pasando a la suficiente velocidad, te rebane un pie tan limpiamente que ni lo notes.

Mis terrores no tienen límite.

La resaca trae a mis costas extrañas historias, no siempre de motoristas, aunque sí a menudo.

Crucé Sitges y dormí mi tercera noche en una casona a la entrada de Vilanova i la Geltrú. No necesité pasar adentro. El porche enmarcado en buganvilla me pareció mejor.

5

En la época en la que entró el gorrión por la chimenea, a mediados de los años ochenta, largos trenes de mercancías cruzaban todavía este pueblo semiabandonado desde el que ahora, cuatro días después de salir de Barcelona, escribo. El pueblo al que le salió una urbanización, esta en la que ejerzo de única vecina, inmaculada. Grand Oasis Park.

No queda nada, así que más vale mirar atrás, quizás volver.

Pero todo esto no estaba planeado, sencillamente eché a andar. Mirar atrás o volver son la misma forma de claudicación para cierto tipo de triunfadores, qué sé yo, tengo mi empresa, hago deporte, ya no me drogo, las niñas gracias a Dios siguen vírgenes y delgadas. Ese tipo de triunfadores.

ESTA GUERRA DURA CUATRO DÍAS

—Esta guerra dura cuatro días. Lo que yo diga, cuatro días, pero nos van a sacar hasta las muelas que perdimos, compañeros.

El viejo Félix Fallarás se alisa la camisa gris de diario y se arremanga en un gesto inútil hasta encontrar la tela brazo arriba, un bulto arrugado bajo el sobaco. Por la mañana de esa jornada que ha empezado veinte horas antes, decenas de trabajadores han ido presos por la huelga de ferroviarios. No se habla de otra cosa.

—Tenemos que armarnos, compañeros, armarnos como soldados, ¡coño!, no como coristas, y plantarles cara a los fascistas, que nos van a dejar en pelotas, ¡que nos van a dejar en la tapia de Torrero, joder!

El Félix Viejo enarbola en la mano un recorte arrugado sacado de la página 6 del *ABC,* «Diario Republicano de Izquierdas».

La hora de cierre de espectáculos y cafés

Barcelona, 3 de diciembre, 3 de la tarde. El consejero de Seguridad Interior ha manifestado esta tarde a los periodistas que, de acuerdo con el Gobierno, iba a dictar un bando imponiendo que las funciones en los teatros y cines terminen a las doce y media de la noche, y que los bares, cabarets, cafés y demás establecimientos cierren a la una y media de la madrugada.

–Con esta disposición –dijo– espero excitar el sentido de responsabilidad de la retaguardia.

Se le preguntó si podía decir algo acerca del viaje del presidente de la Generalidad a París, y contestó que Francia tenía a gala ser un país muy acogedor, por lo que esperaba que el recibimiento que tributaría al Sr. Companys sería extraordinario.

Al Félix Chico esas palabras de su padre, las últimas que le oirá, le alcanzan en la puerta trasera del Teatro Argensola. Piensa, al recibir el aire de una madrugada pálida de frío, que aquella huida en la sombra le va a costar varios días de burlas agrias en familia. Se acomoda varias hojas de periódico bajo la pelliza y deja que el cuerpo de su hembra vuelva a ocuparle la cabeza. La necesita duro desde hace horas, su calor y el de los chicos. Le acompaña su amigo Revilla, que acaba de contarle cómo los perros huelen la mala muerte y hasta del cementerio huyen.

–Me han dicho que los perros andan huyendo como conejos –le ha dicho–. Cuentan que en Torrero la tierra está empapada de sangre.

–Me largo para la casa –le contesta el Félix Chico encogiéndose de hombros, para quitarle importancia–. Por lo que pueda pasar, tú.

–Nos van a joder bien. –Revilla tiene cara de rata, por los dientecillos, y anda como si rebotara, talón arriba y punta, talón arriba y punta, talón arriba–. Dicen que a los ferroviarios los van a poner contra la tapia.

–Juan, el de la General, los ha visto marchar.

—Sí, he oído que marchaban sin dientes, coño, Félix, ¡sin dientes!

El Félix Chico recuerda que a su hijo mayor Luisito se le han caído las dos palas de arriba. Solo desea llegar a casa.

—Hay que dar muy fuerte con la culata para saltar los dientes, ¿no, tú? –dice.

—Pues no sé. Lo peor son los labios.

—¿Por qué los labios?

—Quedan en medio.

—...

—Sí, en medio, Fallarás, en medio. Lo peor de un golpe es lo que queda en medio.

—Eso va a ser.

Cruzan el centro de la ciudad hasta llegar a la puerta principal del Central, el mercado de abastos, como cada día. Allí, el trasiego de carros les cambia el ánimo. El Félix Chico trata de esconder las manos enrojecidas bajo los sobacos porque las mangas de la pelliza, no recuerda heredada de quién, le quedan cortas.

—Me comería una cabeza de cordero, mira lo que te digo.

El joven se detiene ante un carro donde descansa un montículo de carnes coronadas por una pieza grande de ternasco. Mira la cabeza con sus carrillos, la lengua y las tiernas encías.

—No jodas, Fallarás, qué asco.

—Asco, los gusanos de las lentejas, déjate.

—Tú te comes la cabeza –responde su amigo Revilla mirando hacia donde queda el puente que cruza el Ebro–, me dejas a mí las paticas, y tan contentos.

Por un momento, el Félix Chico se imagina a Revilla royendo la pata del cordero y le ve la rata de familia.

Hasta que no se paran en el punto donde cada día, a esa hora exacta, se despiden, frente a la puerta del Mercado Central, no deciden darse cuenta.

—El fuego está muy cerca —mueve el hocico Revilla.

—A ver si va a nevar hoy. —Y mira el joven Fallarás hacia el cielo como si de verdad aquel resplandor pudiera ser de nieve.

—Eso es fuego, no fastidies. Dicen que andan quemando iglesias.

—Mi padre lo dice. Se muere de ganas el viejo de coger la mecha y echársela a los curas.

—Va a acabar teniendo problemas, tu padre.

—Que yo recuerde, tiene varios problemas cada día. —El Félix Chico enfoca hacia su zona, junto al Mercado Central, y está el aire naranja—. Cada día desde que le conozco.

Faltan aún horas para el amanecer, pero pisa el barrio bajo una luz muy parecida a la luz del alba. Solo que aún tardará la madrugada. De aquí y de allá asoman vecinos entre el rompecabezas de parroquia vieja. Revilla alza la vista al cielo y sin mirar a su amigo levanta la mano derecha en señal de despedida.

Como cada día, entretiene el paso frente a la puerta del mercado. En las austeras columnas de ladrillo del edificio modernista, tallados, un caballo y su cesta, una perdiz cazada colgando de la pata, varias granadas y una regadera, y dos peces sobre la red, todo en piedra. Mentalmente, el Félix Chico retoca las figuras, mejora los contornos y las proporciones, traza otras perspectivas, durante el tiempo que dura un cigarrillo. Después, tira la brizna que le queda en la mano, la pisa e inicia una cuenta que siempre es la misma: cien pasos exactos desde la esquina del mercado hasta el número 18 de la calle Torre Nueva, su casa, aquella que una tarde de lágrimas felices le prometió a Presentación, el lugar donde ser matrimonio por fin y al margen de familias y de heridas.

En el número 18 de la calle Torre Nueva, segundo piso, habitan un hombre y una mujer con sus dos hijos y toda la esperanza de lo que nunca soñaron llegar a tener pero tienen. Félix Fallarás, el Félix Chico, y Presentación Pérez se tienen el uno al otro, conservan en almíbar el deseo, salieron de las casas de familia para fundar su estirpe, y ya van por dos críos. En el número 18 de la calle Torre Nueva, esa pareja joven lleva una vida austera que sabe a buñuelos de nada, sopitas claras y calor de piel con piel, qué más pedir, si ni siquiera osaron desearlo.

El hombre joven se recuesta contra la fachada. Un minuto lleva allí en silencio cuando desfila por delante Asunción, la de casa de Calvo, todavía ataviada con una bata acolchada de flores bajo el abrigo como piel barata, achicando el paso.

–A los buenos días, vecino.

Murmura el Félix Chico sin prestarle más atención que a un gato casero, e inclinado hacia delante empieza a liarse el cigarrillo diario antes de entrar en casa. Lenta, concienzudamente, como lo hace todo.

–Parece que hoy va a haber nieve –mascula para sí Asunción cuando ya lo ha rebasado.

El hombre enciende el pitillo mirándose las puntas de las botas remendadas, por evitar conversación. Vuelve a apoyarse contra el muro bien encalado hasta la altura del hombro de un hombre. Cuando el cielo parece dar un fogonazo, chasquea la lengua, se lleva un dedo a la sien a modo de despedida y, sin pronunciar palabra, entra en su casa.

Sobre la puerta de madera no hay imagen del Sagrado Corazón, en vos confío.

6

Nada sé yo del hombre que va a morir. Hasta su muerte hicieron desaparecer.

No conocí al Félix Chico. No existe su historia. Hasta eso le negaron.

7

Me llamo Cristina y esta es la historia de una familia y sus silencios. La historia de cómo el silencio contagia, atraviesa generaciones y fermenta. Esta es una historia en descomposición, contada para pertenecer.

Esta historia, todo este gesto, empieza y termina en esta vieja urbanización de casitas clónicas situada en una playa de la provincia de Tarragona, Mediterráneo español, una urbanización construida en los años setenta del siglo XX que estuvo cercada y vigilada con cámaras de seguridad para que nadie entrara.

A veces nadie podía salir.

Yo era pequeña entonces, luego era joven, y después ya es ahora. Aquí he llegado porque era aquí donde venía desde que hace unos días di el primer paso y eché a andar. Escribo instalada en los restos de esa misma urbanización. Aquí adonde me han traído mis muertos.

Estuvo cercada y vigilada para que nadie entrara. A veces nadie podía salir.

Ocurría en ocasiones que alguna pareja quería cenar fuera de este recinto pequeño de ahogo, en la playa o en otro pueblo cercano con paseos atestados y gente fea o vulgar, pero no podía hacerlo. A mitad del camino se daban cuenta de que no tenían la llave que abría la puerta de la verja de seguridad, que en esas ocasiones no era verja de entrada sino de salida. Regresaban entonces cabizbajos a su extrema comodidad, y algo que iba a funcionar entre ellos se atascaba.

He venido a estas ruinas donde siento latir una infancia algodonosa de la que recuerdo una bicicleta Orbea y el aroma del aceite de oliva para las tortillas de la cena, a la caída de las noches estivales. También la forma en que los farolillos de los porches encendían las damas de noche.

La urbanización cerrada y vigilada a la que llamaron Grand Oasis Park surgió de una idea que cuatro décadas después ha acabado teniendo mucho predicamento: nuestros hijos –genética aparte– no son fruto de la educación que les damos, sino de la influencia de su entorno, digamos que en un porcentaje de un veinte frente a un ochenta por ciento. Los intelectuales ultraconservadores, siempre tan preocupados por encontrar una exculpación a sus abscesos. Los hijos, oh, fruto del entorno. Delitos, faltas, flor de contexto.

De ahí urbanizaciones como la Grand Oasis Park, para aislar a los vástagos de posibles infecciones.

Los fundadores no llegaron, según recuerdo, a una docena de parejas.

Arrancando los setenta, viendo que el final de la dictadura que llevaba cuarenta años tiñendo de marrón los dientes era inevitable, decidieron construir en la costa sus segundas residencias en forma de piña. Levantaron veinte casitas idénticas, cavaron dos piscinas, contrataron a un batallón de jardineros, y lo rodearon todo con una valla. La función de la valla era impedir la influencia de todo aquel que no formara parte de su Oasis. Dejaron terreno suficiente para lucrarse con las ampliaciones.

Todas las casas de esta Grand Oasis Park cuyas cámaras de vigilancia hace ya tiempo que no funcionan estaban construidas en torno a aquellas dos piscinas de riñón, una grande y otra mediana, rodeadas de palmeras datileras, pinos mediterráneos, sombrillas fabricadas con brezo y tumbonas de madera cubiertas de almohadones blancos. Las piscinas, sus huecos, permanecen. En la grande he visto los restos de un par de bicicletas. Una podría ser mi vieja Orbea, pero no he sentido nostalgia. De las sombrillas solo quedan cuatro maderos coronados por herrajes corroídos que perdieron el brezo antes de que las cámaras de seguridad grabaran las últimas imágenes.

Algunas veces un murciélago se quedaba enganchado entre las ramillas secas de las sombrillas y entonces las madres se tapaban la boca con la mano para no gritar.

El lugar donde pasé mi infancia y mi adolescencia. En fin, todo el tiempo que no estaba interna en el colegio del Sagrado Corazón.

Las casas tenían, y alguna la conserva, una amplia cristalera en la parte delantera que da a las piscinas. Esa cristalera separaba el salón del exterior comunitario, de manera que todos los miembros de todas las familias podían ver el interior de los salones de los demás. La mayoría de los vecinos colgaba cortinas en la parte interior de las cristaleras, pero ninguna permanecía totalmente cerrada, algo que estaba muy mal visto ya que permitía suponer que sus habitantes tenían algo que ocultar.

Además de la cristalera de delante y una puerta de madera atrás, las casas tenían, y la mayoría aún tiene, en el tejado una chimenea y un amplio tragaluz que ayudaba a iluminar el piso superior, en el que se encontraban los dormitorios. Los dormitorios, al contrario que el salón y el comedor, eran lugares que exigían intimidad absoluta y total secreto, por lo que las ventanas allí son pequeñas y altas. Entrar en el secreto de alcoba de una de esas casas sería lo peor que podría suceder.

Y sucedió.

Sucedió siendo muy jóvenes los primeros propietarios de la urbanización, aquellos que podríamos llamar los fundadores.

Sucedió cuando lo que hoy son medio centenar de restos inhabitables eran solo las primeras doce casitas levantadas por otras tantas parejas de jóvenes enriquecidos en el boyante final de la dictadura.

Sucedió que los más gamberros de ellos, seguramente los más ricos, ese tipo de impunes cuya relación con el sexo acostumbra a ser algo adolescente y a veces violenta, decidieron gastar una broma al único de los doce matrimonios que no practicaba el catolicismo, aunque tampoco renegaba de la existencia de dios. Era también el único matrimonio capaz de hablar de sexo sin rubor porcino, defender los métodos anticonceptivos y esa clase de extravagancias que matizaban criando, como el resto de los habitantes de aquel pequeño oasis, una media de cinco criaturas. Corría el año 1974.

La consideración que la rubia esposa de aspecto nórdico les merecía a los hombres. Seguramente se trataba de eso. Y también de la consideración que les merecían las esposas propias. Sí, la opinión no explícita que a los hombres les merecía aquella mujer *frente* a las esposas propias fue lo que empujó a los once varones a instalar un comunicador bajo la cama del único matrimonio que no practicaba el catolicismo. Colocaron el otro comunicador, durante tres noches consecutivas, sobre la mesa de comedor de uno de ellos y se sentaron a escuchar, algo en lo que no participó ninguna de sus esposas.

Lo que oyeron durante aquellas tres noches borró de sus gestos la risilla nerviosa y la suficiencia dorada y les impresionó de tal manera que se vieron obligados, quién sabe por qué tipo de impulso, a confesar a aquella pareja su fechoría. Después, nadie volvió a hablar de ello, y esa misma tarde se sentaron a tomar sus cócteles, igual que cada tarde, todos juntos, como si nada hubiera sucedido. Pero la Grand Oasis Park, en ese momento, dejó de ser el juego de un puñado de jóvenes padres enriquecidos en el boyante final de la dictadura para convertirse en un gueto de adultos insatisfechos preocupados por ampliar el número de viviendas y renovar el contrato con la empresa de seguridad que mantendría la puerta cerrada y vigilada.

Los niños nos enteramos de aquello. Los hijos crecidos en espacios cerrados, en grupos pequeños, respiran todo lo que sucede. No supimos qué habían oído, pero sí nos enteramos de que habían oído algo. Lo recibimos con el secreto y la certeza habituales, la certeza de que la edad adulta era dolorosa, inquietante, peligrosa, nauseabunda.

Esta historia, todo esto, el dolor del que arranca mi diálogo con los muertos, empieza en una de esas primeras doce casas, cuando la Grand Oasis Park tiene ya medio centenar de viviendas ocupadas con jolgorio, y de aquellos once gamberros graciosos que colocaron el comunicador solo quedan tres, los tres que no eran exactamente ricos ni en absoluto gamberros, los reticentes a los comunicadores que, no obstante, permanecieron ahí sentados sin levantarse ni abrir la boca.

Todo esto empieza en el momento en que un pequeño gorrión entra por la chimenea de la casa de una de las tres familias que quedan de los fundadores.

Nosotros.

Mi familia está allí disfrutando de las vacaciones de Semana Santa de 1984, o puede que fuera el 82. Todavía no ha amanecido cuando me despierta un ruido desconocido. Salgo al pasillo del piso de arriba, el de los dormitorios. Allí hemos pasado la noche. Mis padres en el cuarto de matrimonio, mi hermana y una amiga suya en el cuarto rojo, y yo en el azul. Además de las tres habitaciones, en el piso de arriba solo hay un cuarto de baño, frente al final de la escalera que sube desde el salón. En un pequeño distribuidor confluyen ese final de escalera y la puerta del baño, ambos bajo el tragaluz que allá en el tejado corona la chimenea.

Tras husmear con cierto temor, descubro que el sonido procede del techo. Media hora después, cuando la primera claridad dibuja ya los contornos, me doy cuenta de que se trata de un pajarillo. Veo su silueta tras los cristales traslúcidos de la claraboya, una sombra menuda y enconada que se golpea. Ha debido de entrar por la chimenea, y es evidente que no sabe salir. Tranquila tras comprobar que no hay que llamar al exorcista, regreso a mi cama.

A la hora del desayuno comunico a la familia el suceso del pajarillo. Todos asienten frente a sus cafés con leche, y doy por hecho que ellos también se han dado cuenta: hay un pajarillo preso tras la claraboya del piso de arriba que golpea el pico insistentemente contra el cristal y las paredes buscando la salida.

No recuerdo más. No sé qué pasó después de aquel desayuno. No soy consciente de haber vivido la agonía de aquella bestiecilla, y con toda probabilidad no la viví. Quizás regresamos de las vacaciones y lo dejamos allí muriendo mientras nos argumentábamos íntimamente que ya saldría. Sí recuerdo haber insistido en la necesidad de rescatarlo, de retirar los cristales del tragaluz, pero puede que este sea uno de tantos recuerdos que inventamos para salvarnos o embellecernos.

El cuarto de baño tenía en el techo, y sigue teniéndola, una amplia rejilla de ventilación que da también al espacio abierto del tragaluz. Lo siguiente que recuerdo es el cadáver del pajarillo sobre aquel respiradero, con una patita asomando entre dos láminas de la rejilla. Luego vi cómo fueron cayendo plumas y algunos restillos secos.

Yo lo vi.

Todos lo vimos.

Era imposible no verlo. Luego ya solo fue un diminuto esqueleto con patita colgando.

Ahí estoy, justo ahí he llegado tras mi caminata de cuatro días. Ahí estoy ahora mismo. Bajo la rejilla, bajo la patita que treinta años después de colarse es solo el esqueje que cuelga de un esqueleto invisible.

Porque esta historia, todo esto, termina con el esqueleto de aquel pajarillo contra la reja del respiradero del baño principal, por la que aún asoma la patita de la pequeña bestia.

¿Por qué nadie dijo que el pajarillo había muerto si todos lo veíamos? ¿Por qué nadie hizo nada, primero por salvarlo, y después por sacar aquel cadáver? Pero las preguntas no se formulan porque romperían el silencio. Y todo empieza y acaba en el silencio.

Ahora aquí ya no vive nadie y lo que fue una pretenciosa casita de dos plantas y bodega estilo ibicenco adosada a otras ha perdido el encalado. En el dormitorio principal, el que da a la vieja piscina grande ya reventada, se han abierto unas grietas por las que entran la hiedra y la humedad de este verano pegajoso y miserable, mosquitos y salamanquesas.

Todo se desmorona excepto la puñetera rejilla con su patita colgando.

Todo silencio tiene su pajarillo.

PRESENTACIÓN ORDENA LAS PIEDRAS SOBRE EL FOGÓN

Presentación ordena las piedras sobre el fogón. Encima de la cocina económica de hierro forjado, los cantos robados a la orilla del Ebro parecen animalillos acurrucados para la siesta. Luego los meterá calientes en los bolsillos de los chicos antes de que salgan hacia la escuela. Es *su* cocina, en *su* casa, son *sus* hijos, acaba de llegar *su* marido. Enumera *sus* cosas, como cada día a esa misma hora, después de oír la puerta cerrarse.

Retira el cacillo donde hierve un café insuficiente y acerca la nariz para aspirar lo que será su ración para toda la jornada, vapor de cafeína falsa.

Presentación y el Félix Chico conservan pese a los aprietos la alegría de cada encuentro. Antes del amanecer, ella casi intacta de carne recién despierta y él todavía con el humo del último pitillo flotándole en el pelo. No han tenido nada más, no desean otra cosa, y el tiempo es un fugaz parpadeo que se abre a la oscuridad. Habitualmente, basta un tímido buenos días y un trago de café del hombre sin dormir para que la agarre de la cadera y la conduzca al dormitorio. *Su* dormitorio. Hasta que amanezca.

Pero este sábado 5 de diciembre no amanecerá.

—Hay un fuego grande hacia el Ebro —dice el hombre mientras saca la acostumbrada taza de la alacena.

—Pues esa va a ser la luz. —Presentación le acerca el cacillo y, al rozarle la mano, siente la emoción igual que un globo en el vientre, la ternura que inevitablemente le despierta ese hombre desamparado, pura melancolía. Se borra el rastro de una lágrima. Es *su* lágrima, *su* cotidiana felicidad—. He pensado que era luz de nieve.

Este 5 de diciembre en el que a Presentación le parece que se ha adelantado el amanecer, su marido ha tardado más que de costumbre en agarrarla hacia el dormitorio. A ella le ha dado la sensación de que está demasiado vestida para hacer el amor. Yacen ya en la cama cuando Presentación cae en la cuenta de que se trata del reloj. Lleva agarrado en la mano el reloj como si fuera a perderlo y, una vez acostada, se le antoja un objeto fuera de lugar, una prenda fría que la coloca lejos de ese momento, o fuera de la cama. Se da cuenta de que por eso ha tardado en contestar a las caricias de su marido, porque anda rumiando cómo dejarlo y dónde sin que él se dé cuenta.

Y por eso han perdido ese último encuentro, por los detalles idiotas.

Entonces oyen las botas.

Las oyen antes incluso de que pisen el polvo de su calle pobre. Antes incluso de que se adelanten tanto tantísimo al amanecer. Salen.

En el pasillo, el Félix Chico empuja hacia atrás a la mujer paralizada.

Las botas —cuántas cuantísimas botas caben en las botas militares— han hecho temblar los tres peldaños y aporrean la puerta como si la puerta pudiera morir. Pegada a su espalda, sin querer recular, Presentación se santigua dos veces, mala señal, Santa Rita avisa, y ve aparecer a los críos, dos cabezas rapadas con los ojos enormes del hambre.

—Para dentro, niños, para dentro.
Apenas un susurro, salivillas contra los dientes.
—No salgáis del dormitorio. —La voz nueva y apresurada del esposo es entonces la voz de un hombre, la voz de otro—. Recoge a los críos, mujer, que abro yo.
El saludo es un culatazo mal encajado contra las costillas que ella no ve pero siente caer.
—¿Félix Fallarás?
—Yo soy.
Eso oye la hembra sin atreverse a asomar la cabeza.
Cuando después de dos minutos que son centenares, miles, todos los minutos que le quedan a la felicidad sin amanecida, se atreve a sacar la cabeza, allá al fondo, en el segundo piso del número 18 de la calle Torre Nueva, queda una puerta abierta ya definitivamente militar.

8

El cuerpo de un hombre como toda pertenencia. Y único destino a la vez. El cuerpo de *tu* hombre: algo supongo que reprobable por culpa de ese posesivo, *tu* hombre.

La niña, una niña que podría ser hija mía, pero quién sabe, mira a su madre a la vuelta del colegio.

–Mamá, nadie es de nadie, ¿verdad?
–No, hija, claro que no... Bueno... Pero dime, ¿quién te ha dicho eso?

En realidad, la madre quiere preguntar ¿Por qué alguien, a estas alturas del siglo XXI, se ha visto en la obligación de decirte eso? ¿En qué contexto? ¿Qué acababa de suceder cuando te lo dijeron, mi pequeña?

Y luego, en su propia intimidad: ¿Cuándo nace la idea de *ser de* alguien, y cuándo elaboramos su oposición?

–Mamá, nadie es de nadie, ¿verdad?

Cabe la posibilidad de entender cómo después de toda una vida siendo *de nadie,* uno anhela ese *ser de,* y tiene todo el derecho a hacerlo, a desearlo.

—Mamá, nadie es de nadie, ¿verdad?

Pienso en Presentación, claro. Años, muchos años después, cuando yo conocí a Presentación, ella llevaba ya toda la vida, otra vida, *siendo de* sus hijos. Perteneciendo. No podría asegurar que recordara aquel primer y único esposo al que anheló incorporarse, *de* quien anheló *ser*.

—Un día —su respuesta repetida a la pregunta de si nunca volvió a enamorarse— sí que llegó un hombre a pedir mi mano. No te creas, se ganaba bien la vida, y era un señor amable y educado. Un viudo sin hijos. Entonces había muchos. Yo se lo planteé a Felisín, que todavía vivía conmigo. Me contestó que podía hacer lo que quisiera. Me dijo: Madre, si eso es lo que usted quiere, cásese con él, pero entonces yo me iré. Eso me dijo —en este punto, Presentación realizaba siempre un gesto que no consistía en encogerse de hombros pero sí, uno de esos gestos que se olvidan mientras se están viendo y que significan lo mismo que encogerse de hombros—, así que yo le dije a aquel hombre, un buen hombre, que lo nuestro no podía ser. ¿Cómo iba yo a dejar solo a Felisín?

Juro aquí que todas las lágrimas derramadas por Presentación entre el día que conoció al hombre que fue su primer y único esposo y la madrugada en que se lo llevaron, todas y cada una de aquellas lágrimas, fueron de felicidad.

Hasta el sábado 5 de diciembre de 1936. Entonces, después de una infancia de perros, después de fregar sobre la banquetilla, después de ser buena siempre, después de no atreverse siquiera a soñar con el hombre y los hijos que acabó teniendo, después de recibir aquel cielo, la infamia se lo arrebató. Y qué corto cielo, casi solo recuerdo.

La suya, la de Presentación, era, me temo, la felicidad de pertenecer, *ser de* alguien. Al fin.

–Mamá –la niña llega del colegio–, nadie es de nadie, ¿verdad?
Muchos años antes, cuando conocí a Presentación me contó:
–Era tan pequeña cuando empecé a servir que me ponían una banquetica para que llegara al fregadero.
Entre las dos frases cabe la historia de un siglo, de tres millones de años, toda la historia nuestra cabe.

9

Un día aparecieron los patos.
Una veintena de patos y seis ocas.
Yo tendría unos once años. De todo aquello que decoró mi infancia, los patos son lo único que permanece aquí. Los patos y algunos casos humanos de exclusión.
Qué sucios, también.
Una vez un ciclón cruzó por la Grand Oasis Park y al mes ya nadie hablaba de ello. Pese a ser lo más portentoso que aquí sucedió jamás, nadie parecía recordarlo.
Arrancó de cuajo una palmera gorda y el sauce llorón que había sobre la piscina pequeña. Con sus ramas los niños fabricábamos látigos, látigos que luego abandonamos para subir a más. En las comunidades pequeñas la poesía es una extravagancia, como una baronesa tomando café en la terraza de un bar de carretera secundaria, con los tráilers, productos de la tierra, frutas confitadas, cintas de casete y vídeos porno.
Un día aparecieron los patos en la riera de la que nos llegaban historias de sexo oral, atracos y chicas violadas, y fue como si siempre hubieran estado allí. Pasado el tiempo, por las noches, abandonaban la riera y venían a bañarse a las piscinas.

Me gustaría escribir todo esto, la sucia infancia, en la terraza de un bar de carretera, un poco sucio también el bar, un poco sucia yo y además un poco borrachita, otra copita de brandy, camarera. Sin embargo, estoy aquí. Ya sé, no me despego. Era tibio el anonimato de los bares de carretera, hola, qué tal, yo no soy yo, quizás el sonido de fondo de una radio mal sintonizada, alimentos conservados en su moho sobre el mostrador de aluminio, camioneros de largo recorrido. Todo el mundo parecía ir colocado, todo el mundo vomitaba refranes sobre la barra.

Un día aparecieron los mismos patos que me encontré ayer al llegar, nada más cruzar la estación que ya no se usa. Parecían bultos de ropa sucia. Las plumas dan asco. Las aves como nidos de piojos. Así funciona mi cabeza. No veo la bonita gaviota que sobrevuela el mar. Veo un nido de piojos volante en forma de ser vivo con un pico que podría, y desea, despedazarme las mejillas antes de vaciar las cuencas de mis ojos.

Los patos me recibieron ayer durmiendo su siesta piojosa. Recordé que en la vieja estación del pueblo compré mi primer libro de poesía.

EL ALFÉREZ PABLO SÁNCHEZ (JUÁREZ) LLEVA DOS DÍAS

El alférez Pablo Sánchez (Juárez) Larqué lleva dos días en la ciudad y aquel frío blanco de desierto maldito aún no le ha dejado pegar ojo. Eso y un dolor ácido en la entrepierna que evita aliviarse con las uñas por la vieja creencia de que si te rascas la venérea de puta puedes arrancarte un cacho del escroto. Se levanta del catre con la resaca del día anterior destemplada en náuseas y al orinar ve la piel de su gran pene oscuro despegarse del miembro como muda de culebra en temporada.

–Margarita puta, me las vas a pagar todas juntas –masculla mientras observa la proliferación nocturna de las ronchas en el glande.

Se va hacia el aguamanil recuperando el cuerpo rotundo y fresco de la joven Margarita, casi niña, allá en Santander, y la añora igual que añora el mar y la sal en esta ciudad seca que le ha tocado como una suerte envenenada.

Vierte agua fresca y una cucharada de bicarbonato antes de poner de mala manera los testículos y el pene a remojo. Tiene el alférez diecinueve años, una estatura de metro noventa y cinco que llama la atención en esta España mal alimentada y una piel de bronce de herencia zapoteca. Eso y el pene a punto de perderse para siempre, piensa resignado al trámite ya inevitable de visitar al médico castrense. El cuartel de Castillejos huele a caballo y pólvora. Cuartel del cuerpo de Caballería. Caballeros. A saber qué tipo de galeno va a ofrecerle esta ciudad.

Pablo Sánchez (Juárez) Larqué es huérfano de madre muerta y padre desaparecido desde siempre. Ha sido criado por los jesuitas y acababa de empezar sus estudios de leyes cuando estalló la guerra. Pudo haberse largado a México con su tía Cristina, que había ejercido de tutora lejana en relajada vigilancia desde su residencia de San Sebastián. Ni ella, ni su educación en los pragmáticos ejercicios de los jesuitas, ni sus días en Portugal, ni nada en este mundo lo ha preparado para lo que ve que se le viene encima. Pero no se paró a pensarlo ni un instante, y agarró los cuatro trastos imprescindibles y se unió a las tropas del alzamiento del general Franco, por llevar la contraria, por no volar al país de su padre, de su familia negada. Bah, no sabía por qué, ni se detuvo a pensarlo. Estudiante, alto, guapo, culto y rico, inmediatamente fue nombrado alférez y enviado, para su desesperación, a aquella ciudad interior donde por lo visto hacía falta mano dura.

Esta mañana del 5 de diciembre, su capitán lo intercepta en el amplio pasillo de Capitanía.

—Alférez, dispóngase, que hoy tendremos traca.

El alférez Pablo Sánchez (Juárez) Larqué se recoloca disimuladamente el calzón y sigue a su capitán pensando que ya habrá tiempo para visitar al médico y que un macho es un macho y no se amilana por unas malas purgaciones.

—Parece que hoy va a nevar, mi capitán. —El joven empieza a temblar de tal manera que teme un fiebrón, flor de entrepierna.

—Pues esto no es nada, muchacho, esto no es nada, dispóngase, que hoy caerá hielo.

El chófer ya los espera en el patio para conducirlos hasta el cementerio de Torrero. La guerra tiene solo unos meses y el capitán aún disfruta con el espectáculo de las ejecuciones.

—Hay que nombrarlos —proclama—. A esos cabrones hay que nombrarlos.

—Sí, mi capitán.

Pablo Sánchez (Juárez) Larqué se acomoda como puede en el asiento del copiloto y siente la afilada punta de hierro oxidado que desde los cojones le sube a las traseras del cráneo y le humedece los ojos.

—Mecagondiós —se le escapa.

—Ya puede cagarse, joven, ya puede cagarse que le aseguro que algunas de esas ratas hasta su nombre olvidan frente al pelotón, olvidan a su propia madre, los muy maricones. Pero ahí estamos nosotros, muchacho, para recordárselo.

10

Cuando yo le conocí ya era coronel. El coronel Pablo Sánchez (Juárez) Larqué, conocido en casa como el Jefe y en capitanía como Pablote, un mexicano enorme, de cuero, nacido en el valle del Baztán, Navarra, España. En la localidad de Elizondo. Un zapoteca navarro.

Cuando decidí salir a buscarlo, a buscar a mis difuntos, treinta años después de su muerte, viajé hasta Elizondo. Yo hablo con los muertos. Allí, en aquel pueblo de monte, rico y adusto, encontré a su madre y a su padre, y volví a darme de narices con Benito Juárez, presidente de México, pastor y mito patrio, origen de la estirpe de la que era fruto extraño el coronel.

11

Las vías del tren dividían el pueblo. A un lado, hacia el mar, las casas de veraneo. Al otro lado, este extraño puñado de casas blancas tras una verja que se abría primero con una llave y, después, con una tarjeta magnética. Con sus cámaras de seguridad. Ayer crucé las vías atravesando los raíles, como cuando éramos críos y poníamos monedas de duro para que el paso del tren las convirtiera en planchas lisas. El más valiente era el que más planchas tenía. Nunca nadie perdió un miembro, eso sólo pasa en las novelas. Ese pequeño tirón en el cuerpo, ese golpe de atracción que nos obligaba a saltar hacia atrás. Actos contra las costumbres.

Paralelo a la vía, corría un senderillo lleno de zarzamoras junto a la riera donde se acabaron instalando los patos y las ocas. Para llegar hasta esta urbanización hoy deshecha, entonces cerrada y vigilada, había un puente de madera con barandillas de hierro pintado de blanco. Todo era blanco como nuestra infancia, como la memoria después de haber borrado lo negro y lo azul y lo rojo. El puente empezaba en el caminillo, territorio público, y terminaba de golpe en una puerta-verja de hierro pintada de blanco que daba acceso (o no) a la Grand Oasis Park, territorio privado. Eso es sin duda un puente de mierda, pensé ayer. Y volví a cruzar las vías y llegué al puente de mierda.

A ambos lados, en las orillas de la riera, los patos dormían con la cabeza escondida bajo sus piojos. Las maderas del puente se han podrido y temí caer. Lo temí solo un poco. Aquellos que cruzábamos el puente temíamos poco esas cosas, esas cosas y otras muchas les pasaban a los pobres.

Me detuve ante la puerta-verja de hierro. Todavía conserva restos de la pintura blanca, como escamas de algo que existió y, más que resistirse a desaparecer, permanece para dejar constancia de su final.

Mi aspecto no es el aspecto de las gentes que solíamos habitar aquel Oasis, y de repente ayer temí que, después de todo, las cosas aquí dentro siguieran igual, que nada hubiera cambiado.

Caí entonces en la cuenta de algo que siempre había estado ahí, sobrevolándome desde la infancia: una sensación de impostura, la impresión de no haber pertenecido a aquello nunca del todo. Como cuando te invitan a una fiesta de gente estupenda, gente rica y limpia, y no puedes dejar de saber lo de tu ropa interior.

En la puerta, desde que cuatro días antes había echado a andar en Barcelona, volví a reparar en mi atuendo: unos vaqueros recortados a un palmo de la ingle, sucios, camiseta negra de manga corta y cuello redondo, apestosa, y zapatillas deportivas de tela que fueron verdes y amarillean.

Di una patada contra la madera del puente, por hacerlo, por pensar en mi atuendo, por dejar que aquella sensación volviera y trajera consigo la evidencia de que una nunca llega a ser otra. Empujé la puerta-verja. En ningún momento dudé de que estaría abierta.

Las casas de enfrente, las tres que podía ver entre los finos barrotes descamados, tenían la cristalera frontal reventada. Pude vislumbrar algunos cristales grandes en el suelo de los porches. Varias pintadas, firmas y grafitis decoraban los muros de las fachadas que fueron blancos. De seguir vivo el ecosistema de la Grand Oasis Park, nadie habría consentido ni la más mínima mancha sobre el blanco. De seguir allí uno solo de sus moradores, habría reparado aquel atropello a lo inmaculado, cristaleras diáfanas, cortinas abiertas, nada que ocultar.

A veces, cuando se me ocurren estas ideas, pienso que estoy enferma, que solo yo veía las cosas así, la no pertenencia, la certeza de la no pertenencia, lo mestizo, lo borde, lo charnego.

Entré.

Entré y recordé que aquel recinto había representado el diseño exacto de la perfección, mantenida por un ejército de jardineros.

Un amplio sendero de grava llevaba desde la entrada hasta las piscinas. Era el único camino en el que se permitía el tránsito de vehículos, luego aparcados en un lugar escondido. Queda el sendero, pero poca grava tiene ya, y mucha tierra seca. De él partían, y parten, decenas de caminitos, así los llamábamos, «caminitos», hechos de lascas planas color arena. Cada caminito tenía tantas ramifica-

ciones como casas encontraba a su paso, e iba a morir ahí, frente al porche de cada casa, frente a la gran cristalera de cada familia. En realidad tampoco eran casas, eran «casitas». Entre los caminitos y las casitas, césped inmaculado y perfectamente regular: corte regular, verde regular, trazado regular.

Y en el césped, palmeras, olivos y sauces llorones, algún agave, rosales y unos cuantos hibiscos.

A VER SI LE VAN A HACER DAÑO AL CHICO

–A ver si le van a hacer daño al chico.

La vieja Victoria se ha puesto el traje que estrenó para la boda de su hijo, el Félix Chico, y que desde entonces permanecía colgado en el armario con una funda de plástico, un animal disecado en naftalina. Es un vestido de lana parda y cuello cerrado con chaqueta a juego que aún conserva prendido el broche en forma de ramito de olivo con una piedra de azabache fingiendo aceituna madura.

–¿Cómo le van a hacer daño al Félix Chico, señora Victoria? –Presentación siempre se dirige a su suegra mirándose los zapatos–. Si es pan bendito.

La abuela, que acaba de llegar y ya suda, le echa una ojeada preñada de aquel desprecio leve que cargan los pescozones al hijo, de qué teta habrás mamado tú la leche, y menea la cabeza.

–Qué sabrás tú.

–Pues qué voy a saber...

Los críos observan pegados a la puerta, con el pantalón corto y la camisa de los domingos, el trasiego de las mujeres aceleradas que hablan al cruzarse y se tocan el pelo como si les faltara algo imprescindible antes de echarse a la calle. Y ya en el quicio, con la cara lavada por el susto, Presentación se permite adelantar a su suegra y arreglarle el moño, empapado en sudor. Afuera han dado las ocho de la mañana y un viento de tijeras corta el aire prometiendo convertir aquella lana de celebración en nada.

En la calle, cuatro mujeres de luto adelantado.

—Mi Jaime vio cómo lo llevaban.

—Sí, lo llevaban con sangre.

—Calla, mujer, lagarto, lagarto.

—Pues con sangre era.

—Nosotras nos quedamos con los críos.

—Sí, Presentación, no los lleves.

—Dicen que lo llevaban a golpes y lo metieron en un coche.

—Con sangre.

—Lagarto, lagarto.

—Los cuarteles no son sitio para críos.

—Ni Torrero.

—Ni Torrero, no.

Sin mediar palabra, la vieja Victoria agarra a los niños, que siguen plantados de la mano de su madre, y los entrega a las vecinas. Presentación atina a soltar un *gracias* tembloroso mientras arranca detrás de su suegra. La carrera de la vieja Victoria le hace parecer una alimaña torpe escapando de la riada.

Las dos mujeres acuden directamente a las oficinas del Teatro Argensola donde trabajan los Fallarás. Lo ha decidido inconscientemente la vieja Victoria, y su nuera la sigue porque en un desastre se sigue al primero que echa a andar. La persiana está abajo. Al verla, Presentación echa una ojeada al reloj de la iglesia de Santiago para comprobar la hora.

—Son las ocho, señora Victoria, aún es temprano.

—¿Temprano para qué? —La vieja tiene sobre la cara

diminutas gotas de sudor, la rala cabellera pegada al cráneo y los ojos en llamas.

–Temprano para que abran los del teatro. Además, es sábado...

Entonces, la joven se mira el reloj de cadenilla que lleva de nuevo agarrado en la mano derecha como un salvamuertes, tapando una falta que solo ella conoce, y echa a llorar sin sonido ni movimiento. Las pocas personas que circulan por la céntrica calle a esa hora miran a la pareja sin disimulo. Una anciana diminuta vestida de lana sin abrigo, sudando como antes de caer, junto a una guapa joven, menuda, redonda y arrasada en lágrimas.

–Vamos a casa de los Sierra.

La vieja Victoria lo dice pero no se mueve. Es un paso serio. Los Sierra son los propietarios de ese y de casi todos los teatros de Zaragoza, o sea, quienes dan de comer a los Fallarás desde hace varias generaciones, y que dure. Pero, sobre todo, los Sierra llevan años hartos de los altercados del pendenciero tramoyista, el Félix Viejo, socialista de los pesados al frente de la UGT, sección Espectáculos.

Presentación saca el pañuelo, se suena los mocos y agarra por el brazo a su suegra.

–Vamos, señora Victoria, que son buena gente.

–Buena gente es el diablo cuando truena, incauta.

12

En la cómoda del que fue el dormitorio de matrimonio he encontrado mantelerías y sábanas de hilo. Llegado cierto momento, las familias dejaron de usar los tejidos nobles, los heredados, y se pasaron a lo barato. Es incomprensible por qué, guardando una docena de mantelerías exquisitas, empezamos a usar hules decorados para comer. Hules y servilletas de papel. ¿Por razones prácticas? ¿Por parecer *normales*? ¿Por algo parecido al rico mafioso que, tras dos años en la cárcel, por fin claudica por desidia y se pone un chándal? ¿Para dejar de pertenecer a aquello a lo que pertenecíamos?

Creo que fue la normalidad, esa fiebre de finales del XX que barrió del mapa a los excéntricos. De haber aparecido un genio en la familia –cosa que jamás sucedió–, se habría dedicado a reponer mercancías en un supermercado de extrarradio.

He sacado la mantelería de Julita. Así la llamaba mi madre las pocas veces que la vi usarla, creo recordar que un par de navidades, cuando ya todo estaba desaparecido y nadie era ya nadie. Es una mantelería de hilo blanco de Holanda, con las enormes iniciales MJGI bordadas en el mismo blanco inmaculado de servilletas y mantel. María

Julia González Inglada, la enana deforme, la minúscula colmilluda. Pero todo eso se nos contó mucho después. Un ejemplo de excepcionalidad que acabó sus días recluida en un desangelado pisazo de la Gran Vía madrileña, al que ni los camareros que le subían la comida tenían acceso.

Toda familia guarda memoria de personajes excéntricos, normalmente deformada por el uso, y memoria de hombres y mujeres sensatos, o sea vulgares, o sea cobardes. Uno debe optar, y esto sucede muy pronto, uno debe elegir a cuál de los dos bandos pertenece. El paso siguiente podría ser dilucidar si la locura y las adicciones son hereditarias.

He sacado el mantel de hilo de la infeliz Julita y lo he extendido sobre la mesa del comedor.

Y escribo, ellos me dictan.

LAS CASAS DE LOS RICOS HUELEN A MEMBRILLO

Las casas de los ricos huelen a membrillo entre sábanas de hilo, a polvos de afeite, a madera, a manzana, a cuero, a jazmín y a plata bruñida. La doncella les ha abierto demasiado despacio la puerta de servicio y luego las ha dejado allí solas con el gesto de quien deja un pato aún vivo sobre la mesa de la cena. De aquello hace una hora larga.

—¿Ha visto, señora Victoria?

—He visto que, a este paso, nos meten al chico en la cárcel.

Las mujeres hablan entre susurros en lo que parece ser la antesala de la cocina, apretujadas frente a una fuente donde descansa la mitad de un cordero de leche abierto en canal. Presentación permanece absorta en el riñón, brillante con su sabroso montículo de grasa. Si me llevara el riñón, solo el riñón, no se darían ni cuenta, piensa. Y aunque se santigua inmediatamente, la idea le produce un cosquilleo agradable. Recuerda que en su boda comieron riñones al jerez. Habría necesitado una vida entera, otra vida, para imaginarse comiendo aquel medio cordero, pero para el riñón le basta con recordar su boda.

—Buenos días, don Alfonso.

Ante el patrón, la vieja Victoria encoge un palmo y su voz se hace hilo negro de botón de viuda. El empresario lleva en el gesto el humor agrio que le ha colocado la guerra en la vesícula. Una guerra es lo único que no entra en los planes de quienes tienen la buena vida asegurada desde siempre y para siempre. Una guerra es una impertinencia que ese tipo de personas no pueden tolerar.

El empresario las mira a los ojos, incapaz de comprender qué pueden estar haciendo en el salón de su casa aquellos dos espantajos que para él forman parte del mismo incordio de la guerra.

–Don Alfonso, nosotros siempre hemos trabajado para usted...

–¡Que se nos han llevado al Félix Chico, don Alfonso! –Presentación interrumpe el hilo de voz de su suegra con un tono que le parece, al oírse, el de una mujer mayor, fuerte y de carácter, un tono que desde aquel momento ya no la va a abandonar.

–¿Quién se ha llevado a Félix? –Don Alfonso Sierra, en ese preciso momento, comienza a mover los dedos como quien echa cuentas.

–Los guardias se lo han llevado de madrugada. Y nosotras no sabemos.

–¿Y qué puedo hacer yo, según usted?

Las casas de los ricos huelen a monedas, a nada, a lo que huelen las superficies de los espejos, y a baúles cerrados.

–Háganos una carta, don Alfonso –Presentación ya es otra–, una recomendación, dígales que el Félix Chico es buen trabajador, y que nunca ha hecho mal.

El empresario mira al techo, se detiene en el juego de luces de la araña.

–Mi mujer está al llegar. –El hombre suelta un bufido–. Lo último que le falta, después de los mesecitos que llevamos, es todo esto.

Da media vuelta y sale sin decir palabra.

—Hala, vámonos. —La voz de la abuela Victoria ha recobrado algo de su autoridad. Habla en un susurro duro, seco, y balancea el cuerpo como si fuera a dirigirse hacia la puerta, pero no lo hace.

—No, señora Victoria, no nos vamos a ningún sitio.

Presentación pone la mano derecha sobre el hombro de su suegra con suavidad y presiona el hueso con los dedos. La anciana vuelve la cabeza en un giro inmediato, sorprendido. Mira durante cinco segundos la mano de la joven y después la mira a los ojos. Entonces empieza a llorar como brota el agua de una fuente seca de años, casi se puede oír ese crujido.

La anciana baja la cabeza en cuanto oye los pasos que se aproximan. Cuando entra el señor de la casa, el señor que manda en esos momentos sobre la vida y la muerte de su hijo Félix, ya es solo un bulto pardo tras su nuera.

El dueño del teatro donde trabajan los Fallarás llega con el brazo extendido, portando una nota escrita como quien guía a un animal ciego.

—No, don Alfonso. Disculpe, discúlpeme, pero eso no nos va a servir de nada. —Señala Presentación el papel con un golpe de barbilla—. Si me disculpa, perdóneme, creo que debe acompañarnos a buscar al Félix Chico.

Sierra abre los ojos en un gesto forzado, enarca las cejas. Permanece así unos segundos. Después vuelve la cabeza para enfrentar el gran retrato de su esposa que preside el salón.

—Pues sí, Presentación. Puede que sea una buena idea. Pasen por el teatro a las cinco. Las estaré esperando.

—Pero don Alfonso...

—Presentación, a las cinco en la puerta del Argensola.

13

—¿Has leído *Las nieves del Kilimanjaro?*

Se me ha aparecido de pronto. Ha soltado la pregunta antes de saludarme o de interesarse por mi situación en esta Grand Oasis abandonada. Posiblemente encuentra normal que haya extendido el mantel de hilo sobre lo que queda de la mesa del porche de la vieja casa.

Todo el mundo ha leído *Las nieves del Kilimanjaro*, o al menos cree haberla leído. Yo también creo haberla leído, pero no la recuerdo en absoluto. Demasiado largo de explicar.

—No, creo que no lo he leído.

—Hay que leer *Las nieves del Kilimanjaro* y *Madame Bovary*, y luego hacer todo lo demás. Hay que leer antes de sentarse a escribir. Y tienes que contar esa historia.

—Déjame en paz, eso ya me lo has dicho.

—Esa que guardas es *la historia*.

—La historia soy yo.

—Siempre. Pero deja eso. Cuenta la historia de ellos.

—Yo soy la historia de ellos.

Hay muy poca luz aquí. Las farolas del jardín parecen herrumbrosas armas abandonadas, y entre los desechos acumulados en la piscina he visto uno de los focos reventado. Sentarse a cenar al borde de una piscina iluminada una noche de verano, esa es una buena idea de la felicidad.

Le he dicho que, si quería, le invitaba a cenar algo. Es evidente que no estoy en disposición de invitar a nadie a nada, por eso lo he dicho, a ver si él hacía el gesto y me invitaba a mí. No se ha dado por enterado.

–Ya no tengo apetito. Háblame de lo tuyo.

–No sé qué decirte.

El hambre me resta mucha cortesía.

–Pues si tú no lo sabes... –Ha echado una ojeada alrededor, como si se pudiera ver algo–. Aquí se debía de follar mucho.

–No sé.

–Los lugares cerrados como este se prestan a la promiscuidad.

–No estoy de humor.

–Claro, mujer, una promiscuidad cerrada, como una lata de anchoas. Ese tipo de barro incómodo en el que retozan las comunidades pequeñas. También podría resultar apetecible, en el caso de que te gusten las anchoas en lata.

–No sé. Una vez se dijo que en la zona del final había tres matrimonios que organizaban camas redondas. Ni me lo imagino, la verdad.

–...

–Y luego estábamos los niños, que teníamos por aquí nuestros primeros escarceos sexuales. Y los segundos y los terceros. Creo que la mayor promiscuidad aquí era la infantil.

–¿Tú también?

–Sí, claro, pasábamos el día en bañador, mojados de una piscina a otra. Luego un día a uno le salían pelos, a otra le salían tetillas... Ya sabes.

–No sé, cuéntamelo.
–No me da la gana. Lo de las anchoas ha sido un golpe bajo, Manolo. ¿Tienes anchoas?

SENTADO EN EL SUELO DE BALDOSA PICADA, EL FÉLIX CHICO

Sentado en el suelo de baldosa picada, el Félix Chico recuerda el día de su boda mientras se lía un cigarrillo de hierbas, como si fuera la boda de otro. Luego piensa que a él lo que le habría gustado es ser pintor y pintar, por ejemplo, a su Presentación, esa mujer de cuerpo prieto, grandes ojos azules y labios gruesos. Le vuelve loco su labio inferior, mucho más grueso que el otro, la hendidura justo en el centro a la que se agarra como a una teta de leche. No le ha dado buena vida a la Presentación, aunque tampoco mala, pero tiempo habrá de solucionarlo. Con el cigarro quemándole los dedos se sorprende de no haber pensado antes en esas cosas.

Debe de ser la muerte, se dice, todo esto apesta a muerto.

–Estamos jodidos, camarada.

Félix Fallarás hijo levanta la cabeza despacio, como si le costara despegar la vista de la puntera de sus botas. Solo cuando la ha enderezado del todo levanta también la vista. El hombre que le habla ronda los sesenta y tiene el ojo derecho y los labios hinchados, de un violeta fresco coronado por restos de sangre seca, como en los agujeros de la nariz y en la pechera de la camisa. A los ojos de Fallarás no asoma ningún sentimiento, ninguna emoción descorre el velo que los cubre.

—Nos llevan para Torrero, camarada, y de ahí no se vuelve. —El hombre que ha sangrado extiende el brazo derecho y le tiende una mano blanca y cuidada—. Mariano Ríos, de Corella.

El Félix Chico responde al gesto con un apretón fugaz y le ofrece la petaca de mala picadura. Torrero, cárcel y cementerio, ya ni perros quedan.

—Tú eres el hijo de Félix Fallarás, el de la UGT.

—Yo soy Félix Fallarás.

—Gran tipo, tu padre, un valiente. Llegamos anteayer. No queda mucho. Esto va rápido, por lo que dicen.

El hombre, que continúa de pie frente a él, sentado, rechaza la picadura. Asiente gravemente con la cabeza y achica los ojos al retirar la mirada.

—De ahí no se vuelve —repite.

En ese momento se abre de golpe la puerta y un chavalón gordo grita un regüeldo ininteligible. Detrás de él irrumpen las botas y las culatas y el olor del café mal mezclado con hembra y en los huesos del Félix Chico una pereza pastosa.

El Fallarás hijo piensa Todo lo he dejado a medias y empieza a tejer unos planes atropellados de vida familiar decorada con geranios y pan caliente. Se mueve sin ser él, en el esqueleto de otro.

Ya dentro de la furgoneta, por primera vez desde que, no sabe cuántas horas antes, se lo llevaron de casa, observa a los tipos que lo rodean. Esto ve: una manada de machos muertos que todavía respiran, un montón masculino de cadáveres desenfocados, cadáveres grises bañados en miedo movidos como peleles por los vaivenes del vehículo. Siente un hambre feroz y de nuevo el cansancio, el agotamiento desértico y solitario que le impide mirar más allá, las calles desde las que le llegan voces y palabras que ya no existen, que no están, y él no quiere entender.

14

Cuando ayer por la noche desapareció Manolo, permanecí horas pensando en cómo nuestros muertos a menudo nos interpelan por boca de los vivos. Y también pensé en todas las vidas que vivimos. Amaneció y aún seguía sentada en el porche.

No me extraña que mis pasos me hayan traído a este lugar que ya solo es ruina de lo que fuimos, de lo que fui. Pero sí me sorprende no haber caído en la cuenta, y quizás por eso estoy aquí, de nuestra idiotez al pensar que nuestra existencia se reduce al tiempo en el que palpita el cuerpo. Bien lo saben los forenses y los antropólogos. Nombro a Manolo y Manolo existe. Le recuerdo y vive, vive en mí. Como estos personajes que van narrándose ahora a través de mí, las historias del Félix Fallarás, de Presentación Pérez, de Pablo Sánchez (Juárez) Larqué, el coronel. Ellos existen en mí y a través de mí. Ahí está mi herida.

Quien más quien menos tiene su herida. Suele ser herencia de muertos, de nuestros silencios. Si llega un momento en el que la herida reclama fatalidad, más vale atender a sus voces, dejar que su historia se narre y en ese relato buscar la salvación.

Me aferro al relato.

No es una excentricidad. O no solo es una excentricidad.

Echar a andar desnuda de todo, desprovista de las cosas, es un gesto. El definitivo. Despreciamos los gestos, qué idiotas, cretinos modelo siglo XX, en favor del mandato exclusivo y excluyente de los contenidos. Los gestos son esenciales. Mi gesto: la decisión de que *es* el momento. Y, por lo tanto, hacer que el momento *sea*.

Puede parecer extremo.

Mi decisión es extrema porque esto que hago es extremo. Arranca con ella una ruptura irreparable con lo que hasta hoy eran mis cimientos, con la ceniza. Una ruptura cuyo futuro y final resultan inciertos.

No tengo miedo. Me siento fuerte. Soy una bestia inteligente. Solo eso, y tanto. Una bestia.

CUANDO LLEGAN FRENTE AL CEMENTERIO

Cuando llegan frente al cementerio de Torrero, el Félix Chico ya ha tenido tiempo de arrepentirse de su vida entera, planear una nueva y entender que va a morir.

Afuera hace horas que se ha cerrado la noche. A las nueve nada se oye, ningún ladrido. Ya lo ha dicho Revilla, su amigo, en lo que ahora le parece otra vida, hasta los perros han salido huyendo del camposanto. La media luna despejada ilumina una tierra desnuda y seca. Los hombres, mudos desde que han apagado el motor, tiritan sin mirarse. La tapia de ladrillo ocre, del humilde ladrillo de tierra sin agua, no llega a los diez metros. La tapia es todo. El final desnudo, seco, ocre.

El chavalón que les ha eructado en la celda de la cárcel ordena que bajen y va golpeando con la culata a los presos a medida que saltan al suelo. Trata de alcanzarles la cara o el cuello, pero la mayoría consigue interponer el brazo, algo que parece ir enfureciéndole. Félix Fallarás se encuentra al fondo y es el único que no se mueve. Algunos bajan con gesto de resignación, silenciosos, otros se revuelven alterados, un hombre llora a gritos sonidos que no son palabras. Félix Fallarás permanece sentado en el interior, tiembla de frío abrazado a sus propias rodillas, con la mirada de nuevo fija en sus botas.

Cuando ya los demás han bajado y recibido su ración de dolor, el crío grande le dirige un bramido que no provoca en él movimiento alguno. Entonces aquel uniformado escupe al suelo y trepa con dificultad al vehículo militar. De pie, con el fusil cruzado sobre el pecho, mira al preso sentado y sonríe. Más que de malvado, es el suyo un gesto de chiflado, de quien no consigue fijar la vista con precisión, como los muy borrachos o muy iracundos. Félix Fallarás levanta entonces la vista para mirar más allá del chicarrón, hacia el grupo de soldados que empiezan a formar una fila. A la luz de la media luna, estatuas de hierro negro. Dos destacan entre todos. Un hombre ya mayor, claramente al mando del grupo, y un soldado joven, enorme y oscuro, que parece indio y trata de despegar el pantalón de sus testículos con evidente gesto de molestia. Ambos están pendientes de la escena que protagoniza el chico de Fallarás. Se ha levantado una brisa helada que los mantiene duros.

La bestia que le acompaña en las traseras del furgón vuelve la vista a sus mayores un segundo y entonces arremete contra él con el fusil. La culata va a caer con fuerza sobre el hombro derecho de Félix, se oyen un crujido y un alarido antes de que caiga de lado. Así, tumbado, recibe lo que le toca. El chavalón agarra el arma por el cañón y golpea ferozmente con el final de la culata costillas, cuello, cabeza, vientre... La carne se va abriendo en la sien, en el pómulo, en el cuello, bajo la ropa. Y así hasta que Félix Fallarás es ya solo un fardo reventado en flor de pulpa.

Aquel bulto ovillado sobre sí mismo abre los ojos al polvo y enfrenta las botas de los dos militares al mando, el mayor y el joven indio. Las tiene a dos metros. Puede ver cómo los hombres patean el suelo para luchar contra el frío. Después de unos minutos de una conversación cuyas palabras no distingue, ambos inician la marcha hacia el pelotón, que ya está formado para matar.

Entonces, Félix Fallarás, el Chico, oye el motor de la furgoneta que arranca y siente su vibración en el suelo donde yace. El vehículo inicia la marcha atrás en medio de cuyo trayecto morirá él, incapaz de cualquier movimiento. A grandes zancadas, uno de los soldados llega hasta su altura y, empujando con el pie, pero sin fiereza, lo aparta del camino e impide así que la furgoneta le pase por encima. El oficial joven observa la escena y asiente, seguramente pensando en la paradoja de evitar la muerte para poder matar, el gesto que separa la muerte del asesinato, el morir del matar. El Félix Chico queda tumbado boca arriba y mira al alférez que se tocaba los testículos. Por un segundo, los ojos de los dos hombres se cruzan, en ambos casos teñidos de una ligera compasión que desaparece al instante.

El pelotón de fusilamiento está compuesto por una veintena de soldados. Han llevado a rastras a Félix Fallarás hijo hasta la tapia donde otros tantos prisioneros que miran con ojos de cadáver esperan la confirmación de su final. La escena dibuja un cuadro de extrañeza general, el asombro de que sus protagonistas, los que van a morir y los que van a matar, sean seres humanos. El viento que arrecia no mueve nada, porque nada hay. Huele a orina y a heces.

El energúmeno al mando se vuelve hacia el alférez que le acompaña. Para hablarle debe levantar la vista. El joven le saca un par de cabezas.

—A estos hijos de puta hay que nombrarlos, muchacho, ya te lo dije antes. ¡Que se acuerden de quiénes son! ¡Que se acuerden —berrea con la cara envuelta en vaho hediondo— de la madre que los parió!

Así pues, el capitán va gritando los nombres de los presos y, a medida que los nombra, los jóvenes que van a matarlos levantan sus fusiles.

Solo cuando le toca el turno a él y oye ¡Félix Fallarás NOSEQUÉ! se da cuenta de que creen estar matando a su padre.

Y aún tiene tiempo de soltar el primer insulto que le ha dedicado en su perra vida.

15

El dolor.

De cómo el dolor, igual que el silencio, igual que la cobardía, atraviesa las generaciones.

Cómo ha llegado hasta mí el dolor de los hombres, el dolor de las mujeres. El abandono y la soledad. Llegan, no me cabe duda. Llegan y muerden el corazón y su veneno nos guía por los senderos que van hacia la muerte y hacia nuestro propio dolor. Ahí está la destrucción.

Debo, es mi deber, mirar a su dolor a la cara, ver su dolor para ver mi propio ser. Ver el dolor del crío en soledad, de quien no entiende nada, su miedo, su incomprensión, aquello para siempre ya roto. Ver la destrucción de todo lo que tenía la mujer, todo lo que una vida de espinas le había al fin regalado. Ver el terror del hombre frente al pelotón asesino, mirar su dolor al comprender todo lo que iba a sucederle y por qué iba a sucederle.

PRESENTACIÓN VUELVE A MIRAR SU RELOJ

Presentación vuelve a mirar su reloj con cadenilla. Las nueve y cuarto. Ella y la abuela Victoria, solas en el patio del cuartel, componen un monumento al invierno. Suspira una nubecilla que el viento afilado borra inmediatamente.

–¿Usted cree que le harán caso?
–¿Qué caso? –responde la vieja.
–Al señor Sierra. ¿Cree usted que sacarán al Félix Chico?
–Eso ha dicho. Yo qué sé. Que lo sacarán esta noche ha dicho.

Presentación agarra la mano de su suegra.

–Usted y yo, aquí sentadas hasta que salga. A ver si los críos alcanzan a verle hoy.

16

Toda historia tiene un vértice, el punto en el que se cruzan todas y cada una de sus partes, desde donde parten las cosas hacia el futuro y hacia el pasado, y que sin ese punto no serían nada. El vértice de mi historia se encuentra en aquel 5 de diciembre de 1936 porque allí se cruzaron todos los personajes que construyen mi propio personaje.

Ellos son realidad.

La historia de estos tres personajes –porque son tres los que me interesan– pudo ser muy parecida a esto que acabo de contar. Las vidas de Pablo Sánchez (Juárez) Larqué, Presentación Pérez y Félix Fallarás, el Félix Chico, se cruzan por primera vez en España en 1936, poco tiempo después de que se declare la Guerra Civil, el mismo año que Félix Fallarás muere fusilado en unas circunstancias muy similares a las narradas.

Habrá quien considere que los detalles son importantes, la suprema importancia de los hechos, la realidad, la *faction*. En las reconstrucciones, los detalles solo son guindas que el reconstructor crea con pelotillas de desecho de su propio organismo eléctrico, prefiero no pensar con qué exactamente.

El joven Pablo Sánchez (Juárez) Larqué, ya viejo y coronel, y Presentación Pérez, al final de su vida, llegaron incluso a pasar por esta Grand Oasis en la que ahora habito, si a esto se le puede llamar habitar, justo en el momento en que el esplendor de su sol se hundía en una de sus piscinas con el gresite en distintos tonos de azul total, perfecto, gresite de riñón. Probablemente alguno de los dos, o los dos, posaron su mirada en el rincón del porche en el que me encuentro refugiada, acurrucada en este momento frío, el único que, por estar pegado a la montaña, no ha sido totalmente devastado por el tiempo y conserva un par de sillas que fueron de ratán brillante, el resto de una mesa y una pelota verde de goma estival desinflada que parece la boina de un muerto en batalla.

Si la construcción de nuestra memoria es una reelaboración que jamás podrá ser probada ni, por lo tanto, refutada, ¿qué vendría a ser la construcción de nuestra desmemoria? ¿Con qué piezas de Lego nos manejamos, criaturas, para montar aquellos recuerdos que se nos hurtaron?

17

Tecleé infinidad de veces el nombre de Félix Fallarás en internet. Habitualmente después de mucho alcohol o algún veneno propicio. Sí, eso era bastante habitual al principio, ese momento en el que antes de tumbarme –tumbar es el verbo–, mareada y confusa, golpeaba sobre las teclas su nombre, o algo parecido a su nombre, a ver si aparecía. Después, pasé a colocarme para hacerlo. O sea, se dio la vuelta el mecanismo. Ya no lo buscaba porque iba ciega, sino que me ponía ciega para buscarlo.

Todo esto, este tipo de comportamientos, encuentra en mi generación sus pertinentes (correspondientes) explicaciones. Excusas. Las llamo excusas porque son excusas. Pero también podría tomármelo en serio.

Lo leí una vez.

El titular de la entrevista decía: Los nietos del franquismo «heredan» inconscientemente el sufrimiento de sus padres y de sus abuelos. Firmaba la pieza la periodista llamada Elena Cabrera.

Con subtítulos.

Subtítulo 1: Clara Valverde le saca los colores al sistema de Salud, a los gobiernos y a la sociedad en general por ignorar los problemas psicológicos de los nietos de la Guerra Civil española.

Subtítulo 2: Afirma que años de silencio y de esconder las emociones pueden generar en las siguientes generaciones inseguridad, miedo, rabia no canalizada, anorexia o toxicomanía.

Subtítulo 3: En todos los países se habla de la transmisión generacional del trauma de la violencia política menos en España.

O sea, que así dicen que se llama: Transmisión Generacional del Trauma de la Violencia Política. Las cosas, lo que sucede, merecen su nombre, deben nombrarse. De eso se trata. Cuando tú dices Transmisión Generacional del Trauma de la Violencia Política, eso, sea lo que sea, pasa a existir. Yo lo llamaré TGTVP, porque las siglas parecen oficializar lo que se ha nombrado, le dan otro empaque, podemos tomárnoslo más en serio, da igual si es idiotez o descubrimiento.

Parece que a quienes afecta con más saña la TGTVP es a los nietos. Yo soy nieta. La psicóloga llamada Clara Valverde deja caer en la entrevista las palabras miedo, rabia, bloqueo emocional, anorexia, toxicomanía, enfermedad y muerte.

Me pregunto si tiene todo esto algo que ver con mi incapacidad para amar, me refiero a amar de verdad, AMAR, profunda, íntimamente conmovida, amar y resultar elevada por ese amor. Me pregunto si tiene que ver con este empeño mío en ir matándome, haber vivido instalada en un estado químico de inconsciencia desde que recuerdo. Me pregunto también por qué mi primera reacción ante la TGTVP consiste en burlarme de la tal Valverde y pensar en nuestras excusas. Todos necesitamos alguna excusa para nuestras faltas, nuestra basura. Si has pasado treinta años ciega, más vale que la excusa sea del tamaño de una guerra civil, la peor de todas las guerras.

Vale, vuelvo a lo mío.

Después de beberme o meterme por cualquier agujero del cuerpo, previamente existente o no, toda la TGTVP que me cabía, solía sentarme ante el ordenador grande, el de la mesa de mi dormitorio, a manotear el teclado en busca de Félix Fallarás Notivol. O solo de Félix Fallarás. O Fallarás.

Hasta que
Hasta que
Hasta que un día
una noche de verano de 2014.

La Asociación para la Recuperación de la Memoria Histórica y otros grupos iban encontrando nombres y colgándolos en la red. Yo sabía, veía, que en sus listas iban apareciendo los muertos que quedaron en fosas y caminos, los puertos de tiro y ribazo, tierra de mis heridas, fiemo de su pus.

Plas, plas, plas, manoteando, aporreando, castigando al teclado por su silencio. ¿Por qué no para mí, por qué no el mío, por qué no lo que yo busco?

La pregunta era otra: ¿por qué buscar a ciegas, sin más referencia que un nombre y dos apellidos? Porque no me atrevía a preguntar a ninguno de los vivos sobre aquel muerto. Así es. Porque cuando el silencio se instala, el silencio familiar, el silencio absoluto, el silencio que ni el susurro conoce, contagia y te tapa las fosas nasales y no puedes respirar y cristaliza la lengua y la laringe y vela los ojos con el vaho blancuzco de los cobardes.

Hasta aquel día, aquella noche de verano de 2014. La página se llamaba Liberadosdelolvido.org.

Félix Fallarás aparecía en dos ocasiones. Una, como Félix Fallarás Notivol, su nombre. La otra, como Félix Fallarás Motivol, con la inicial del segundo apellido equivocada.

En la primera página, una sencilla ficha decía:

> FALLARÁS NOTIVOL, FÉLIX
> Localidad: Zaragoza.
> Información: Carpintero, 35 años (c/ Torre Nueva, 18). Asesinado en Zaragoza el 5 de diciembre de 1936.
> Ref.: *El pasado oculto,* Julián Casanova (coord.) – obra publicada

En la segunda página, la ficha era aún más escueta. Y sin embargo ahí estaba el dato:

> FALLARÁS MOTIVOL, FÉLIX
> Localidad: Zaragoza.
> Información: Fusilado en las tapias del cementerio de Torrero 13489.
> Ref.: *El pasado oculto.* Julián Casanova (coord.).

Fusilado en las tapias del cementerio de Torrero 13489.

Fusilado en las tapias del cementerio de Torrero 13489.

Fusilado en las tapias del cementerio de Torrero 13489.

Fusilado en las tapias del cementerio de Torrero 13489.

Fusilado en las tapias del cementerio de Torrero 13489.

Fusilado en las tapias del cementerio de Torrero 13489.

Fusilado en las tapias del cementerio de Torrero 13489.

JODER: Fusilado en las tapias del cementerio de Torrero 13489.

JODER, JODER, JODER: Fusilado en las tapias del cementerio de Torrero 13489.

¿Qué significa ese 13489? ¿El asesinado número 13.489? ¿Es eso? ¿Qué coño significa ese número? ¿Qué coño un abuelo que, hasta un segundo antes de leer su nombre, no existía?

18

Hay personas cuyo paso por esta tierra apenas dibuja ondas en la superficie. Serán, me digo, personas con una existencia muy estrecha, o afilada, como entra en el agua un estilete. Cuando al fin se hunden, cuando desaparecen, se produce un leve aleteo. Y ya.

Así Presentación.

Esto pienso, y luego repaso. ¿Acaso queda algo más del resto de los protagonistas de esta historia?

Mi herida queda.

Luminosa, dolorosa, cruel o flotante, nuestra existencia física es instante, mota en el tiempo, nada. Nuestra existencia es memoria. Somos finalmente, en la idea que queda, recuerdo.

Maldigo, pues, a quienes matan la memoria. Maldigo a los oscuros constructores del silencio.

Dos existencias le negaron a Félix Fallarás. De un tiro echaron su vida contra la tapia y al suelo sediento de Torrero. Después, se cubrió con silencio su memoria y, ay, fue nada.

19

Tras leer las fichas aquellas publicadas en internet, escribí a Julián Casanova, el hombre cuyo libro parecía haber devuelto a Félix Fallarás, el Chico, a la historia. Le escribí preguntándole si podíamos vernos. No creía que él tuviera más datos que los publicados: un nombre, una fecha, un domicilio, una profesión y la muerte. No quería preguntarle nada. Quería sentarme a su lado y hablar con él. O ni siquiera eso, solo verle, como una forma de entrar en contacto con aquel hombre fusilado un sábado 5 de diciembre. Aquel de quien yo no sabía nada hasta que él, en un libro titulado *El pasado oculto,* le puso edad, domicilio, oficio y fecha de la muerte.

Me respondió al poco rato.

En *El pasado oculto,* efectivamente, tu abuelo aparece en la lista de víctimas del 5 de diciembre de 1936 y la causa de la muerte, según el registro de defunciones, es «fractura de cráneo», uno de los diversos eufemismos con que les inscribía el encargado de turno.
Por la fecha de la muerte, lo normal es que lo fusilaran en las tapias del cementerio.

Efectivamente, tu abuelo.
EFECTIVAMENTE, TU ABUELO.
De repente, un abuelo. ¡Un abuelo!

Entiéndase que yo no es que tuviera un abuelo asesinado o fusilado en la Guerra Civil española. Ni siquiera un abuelo asesinado a secas o un abuelo que desapareció. No tenía un abuelo en absoluto. No tenía un abuelo por la simple razón de que mi padre no tenía un padre. Punto. Nada. Se llama Elimina el Rencor y Olvida lo Que Pasó. Se llama Rencoroso el Que se Acuerde. Se llama Tú te Callas porque Perdiste la Guerra. Se llama Olvida que Existió.

No tengo mito. No tengo ausencia. No hay dolor en el no-abuelo que tengo. No he recibido ni sufrimiento, ni rabia, ni melancolía, ni nada de nada. Por eso, deduzco, no siento nada. Pasmo, si acaso.

Quiero sentir algo.

Releo «Efectivamente, tu abuelo». Me quedo muy quieta, muy callada, a ver qué siento. A ver si consigo sentir. Creo localizar una pequeña ansiedad que no ahoga. Quiero que ahogue.

Creo
que quiero que ahogue.

Un día, ni idea de cuándo, de qué edad, le pregunté a mi padre si recordaba algo del suyo. Respondió mi madre: Tu padre cree que se acuerda de una mano de hombre que se acercaba a su cabeza.

Eso es todo. Todo. Nada.

He salido a encontrarme con mis muertos. Me he tomado la molestia de salir desnuda de cosas y personas. Para saber quién soy, por si eso sanaba. He salido a buscar, entre otros, a aquel hombre llamado Félix Fallarás Notivol que en la ficha de su rescate aparece como carpintero y en algún lugar de mi memoria quiero rescatar como tramoyista del Teatro Argensola. Una cosa no quita la otra. El hombre casado con Presentación Pérez y padre de dos hijos al que asesinaron un 5 de diciembre de 1936, cuando la Guerra Civil española llevaba cuatro meses y medio de crimen. Que murió, según apuntó otro hombre acostumbrado a mentir muertes, debido a una fractura craneal, y según sus rescatadores, fusilado contra la tapia del cementerio de Torrero, en Zaragoza.

He salido a buscarlo y lo he encontrado al fin. Ahora no sé qué hacer con él.

20

Me agarro, pues, al único asidero que me presta esta historia, que me brindan mis muertos: el alférez, el joven indio. Porque yo le conocí.

Conocí a Pablo Sánchez (Juárez) Larqué muchos años después, más de tres décadas después. Entonces ya era coronel de Caballería del ejército español, miembro del Benemérito Cuerpo de Mutilados de Guerra. Y también conocí a su esposa, doña María Josefa Íñigo Blázquez, la Jefa, hija menor del barón de Apizarrena. Y conozco a su hija María Jesús.

El alférez, el que luego sería el coronel, no tenía que estar allí, en aquel cuartel, en aquella ciudad, en este país. O sí. El coronel estaba ahí.

Eso me interesa.

Me interesa el alférez Sánchez (Juárez) porque yo conocí al coronel que acabó siendo y recibí su historia y caté su amargura ebria. Pero también porque aquel muchacho, mexicano del español valle del Baztán, aterrizó en la Guerra Civil española por una concatenación de azares y su presencia en Zaragoza en 1936 marca uno de esos errores que se ríen de la Historia.

Mi historia.

II. El coronel

PAU, 15 DE JUNIO DE 1913

El salón del Hotel de l'Orient de Pau es el salón por excelencia. Hay muchos otros hoteles con muchos otros salones, el siglo XX ha arrancado con un brillo deslumbrante en la pequeña villa del sur de Francia, pero ninguno como el del Hotel de l'Orient.

—No te preocupes, yo estaré contigo.

Lo que impone de la joven Cristina Sánchez Juárez no es que supere el metro ochenta de estatura, ni su piel de bronce de herencia india, ni siquiera que sea la nieta del presidente más popular de México, Benito Juárez. Impone su mirada. En ella uno puede ver centellear la determinación implacable de sofisticadas armas que, a esas alturas, aún no existen en la mente de los ingenieros.

—Esa no es la cuestión, Cristina.

—¿Y cuál es la cuestión, según tú, querido?

—La cuestión es si quiero o no quiero esa plaza de embajador en París. Y la respuesta es que no la quiero.

—Venga ya, hermanito, ¡estás loco! Vamos a tomar un cóctel de *cherries* al Hotel de l'Orient. Puedo olerlo. Lo huelo, lo huelo, ¡lo huelo desde aquí!

Agarra de la manga a su hermano Delfín y tira de él. Su mirada pone el nervio que la mano evita. Una loba es la que mira, la hembra del puma mira, una diosa cruel bruñida en mostaza, la que mira no puede ser una mujer, si acaso diabla o deidad. El hombre retira la vista y la cuelga de la cordillera omnipresente en la ciudad, allá delante, aún pintada de crestas blancas. Ha soñado con fuego, con arbustos que eran de fuego y altas copas de brasas. Al despertarse ha creído identificar en el calor a su madre muerta y todo alrededor olía a cenizas frías. Mueve la cabeza con un gesto negativo durante dos segundos. Han llegado el día anterior desde San Sebastián para asistir a las pruebas de vuelo de la nueva Escuela Aérea de los hermanos Wright, única en toda Europa. Dicen que en el mundo.

Echan a andar, ella aún agarrada.

—¿No querías alejarte de la casa, Delfín?

—De España, quiero alejarme. Echo de menos a mi madre, aquel mundo... Bah, quiero ver a los pilotos. Vamos a la Escuela Aérea.

—¿Se puede saber qué te pasa? ¿Quieres alejarte de España? Bien, vamos a París. Acepta esa plaza.

—No. Nadie parece acordarse de la Chucha.

—Mi querido, hace ya cinco años que mamá murió. Entonces estábamos en México, país del pasado, y ahora estamos en Europa, territorio de futuro. Despierta, criatura.

—Estoy harto. Todo esto es demasiado pequeño. —Delfín se desase de su hermana y frena en seco—. Ignorantes. ¿Qué estamos haciendo en España? Ignorantes.

—Pues eso no lo vas a solucionar en la Escuela de Aviación. Los aviones no dan conversación. Y dudo que los pilotos lo hagan. —La cabeza perfecta, imperial, de Cristina Sánchez Juárez se yergue aún más sobre el cuello largo y duro, consciente de sí mismo. Su mano lo recorre con estudiado deleite ante dos damas que pasan junto a ellos observando con aire reprobatorio su camisa blanca de algodón cruzada en la cintura, el audaz escote en uve. Las cabezas de las paseantes no alcanzan la altura del hombro de los hermanos. Sacude la media melena sin tocado y extravía su mirada también en las montañas, que pronto perderán gran parte de su nieve. Algo en los ojos de la joven resulta aún más frío que esos picos–. Sé que el rey español acaba de pasar por allí. En una de esas nos lo cruzamos en el hotel.

–El rey español, otro ignorante.

–¿Y tú qué eres, indio? Alfonso XIII será ignorante, pero es un rey.

–Sí, precisamente. Ese es otro de los problemas, y no el menor.

Cristina agarra por la barbilla a su hermano y le obliga a enfrentar su mirada.

–Empiezo a no soportarte. Vamos al hotel a tomar un cóctel de cerezas y punto. ¿Sí? ¿Entiendes?

–No tengo ganas.

En el rostro de la mujer un cambio lento cubre de almíbar los ángulos, almíbar sobre aluminio. Ladea la cabeza hacia la derecha y deja que se le dibuje una sonrisa, esa sonrisa con que la madre arrastra al crío que considera algo lerdo hacia el agua fría.

–No es cuestión de ganas, Delfín, es donde hay que estar. No querrás volver a dar un paseo por la ciudad. –Balancea la cadera casi imperceptiblemente a izquierda y derecha de manera que la seda japonesa de su falda, que en realidad es un pantalón de anchísimas perneras, campanee. Permanece un rato absorta en cómo los hilos dorados de la tela captan la luz del sol y la devuelven al aire multiplicando su brillo–. Odio los paseos por las ciudades sin riesgo.

Como cuando un rayo parte una noche serena de verano y ya es invierno, y ese rayo abre el cielo hasta meter una cuña en el instinto del miedo y luego un trueno pone a vibrar el cristal desde el que ves el mar que todavía tiene el mercurio herido por esa descarga caída ahí, a tus pies. Así el rostro del joven Delfín Sánchez Juárez al ver cruzar la entrada del Hotel de l'Orient a una muchacha con la melena de un rojo baya y fresa, jovencísimo junco con una hoguera sobre la cabeza, su esqueleto perfectamente rítmico cubierto de la más primorosa carne, piel, tela, suspiro y flor, agarrado a una frágil sombrerera de cartón armado.

El hombre tensa la piel del rostro en algo que parece un gesto de urgencia, de perentorio deseo. Esa mujer de piel color de arroz, fuego y ojos verdes acaba de clavarlo al suelo. Porque cuando uno ya no espera lo extraordinario, lo imposible, aquello con lo que ni se atreve a fantasear, esto se sabe, recibirá su ración de humildad y caerá de rodillas ante la divina evidencia de lo alcanzable.

Delfín carraspea y vuelve la cabeza hacia su hermana sin despegar la mirada del fenómeno.

—Espérame en el salón, que en un momento estoy contigo. —Cristina aprecia el cambio en el rostro de Delfín.

—¿Me tomas el pelo?

—¿Por?

—¿No querías irte donde los pilotos? Si es una treta para dejarme plantada, has de saber que no tengo humor, querido.

—Diez minutos y estoy contigo. —Delfín endurece la quijada—. He dicho.

Cristina Sánchez Juárez barre el hall con la mirada como el perro olisquea una presa en movimiento, pero no ve nada que pueda haber hecho cambiar de idea a su hermano, apenas un par de tipos gordos, claramente miembros viejos de la aristocracia local, mejillas púrpuras y aires prostibularios; una mujer con su hija, la madre demasiado mayor y triste; un grupo de cinco jóvenes que ya vio a su llegada, la tarde anterior, en el Golf de Billière; y una muchacha de algún servicio cargando una preciosa sombrerera azul cobalto que desea inmediatamente.

Se encoge de hombros.

En una coreografía para un solo espectador, Delfín ve partir a su hermana hacia el interior del Salón París, y a aquella otra muchacha extraordinaria avanzar hacia el mostrador de la recepción. Ve cómo se cruzan. Siente el chasquido que el cruce de las estelas de ambas produce en el aire tibio. Ese detalle, el de la coreografía, y el hecho de que dos hembras tan excepcionales puedan permanecer a la vez en el mismo espacio sin hacerlo saltar por los aires le ensanchan la sonrisa. Piensa que el mundo entero debería pararse en ese instante, y sin embargo seguramente es Delfín, el espíritu impresionable y exquisito de Delfín, el único en kilómetros a la redonda capaz de apreciar la bestialidad que esconde la belleza de ambas.

Cara y cruz.

Por la derecha, desaparece la india salvaje.

Por la izquierda, ofrece la espalda la francesa transparente.

Bailemos, bailemos hasta morir agotados, con la mirada prendida de la fina cintura de la pelirroja, consciente de que no ha sentido un golpe semejante de euforia, una alegría parecida, desde que dejó su México natal para instalarse en San Sebastián, quizás desde antes, desde antes de morir su madre, María Jesús Juárez Maza.

Las ciudades que acaban, cuyo territorio tiene un final, ciudades como Pau, como San Sebastián o Marsella, son ciudades propicias para el pensamiento y los caracteres románticos o melancólicos. Esas ciudades que acaban en el mar, frente a una cordillera o en un precipicio. En cambio, las ciudades que, como Madrid, París o México, no acaban, suelen resultar prácticas. En las ciudades que acaban, uno tiende a andar hacia el borde, o recorrer el borde. Si hay mar, uno suele acabar en el mar, allá donde la tierra termina. Enfrentar la infinitud del mar después de cruzar edificios, establecimientos, escuelas, mercados, el pulular de comerciantes y abogados viviendo sus apremios y obligaciones cotidianos, enfrentar el silencio infinito del mar allá al final de la ciudad, poder hacerlo, tiene por fuerza que modificar el espíritu de las gentes, así en Marsella como en San Sebastián.

Eso piensa Delfín mientras desanda el camino que antes ha recorrido con su hermana Cristina. En esta ocasión la cordillera queda a su izquierda, y allá abajo, el río. El aire primaveral de Pau luce una nitidez que hace pensar en sanatorios y también en curaciones y órganos. El hombre respira hondo.

Unos diez metros por delante de él, la joven pelirroja ondula por el borde de Pau como la llama de una niñez recién perdida. Casi la nota tremolar.

Delfín ha soñado con árboles en brasas y pequeños arbustos del color del fuego. Por eso ha despertado pensando en su madre, y así lleva todo el día. Se da cuenta ahora, con una nitidez mayor que la del aire, de que no eran las llamas de su madre cálida, sino el anuncio de esa muchacha a la que sigue de lejos.

Cuando ella gira hacia la derecha dejando a su espalda las montañas de los Pirineos recortadas como un dibujo escolar, él la sigue tranquilo. Y vuelve a suspirar. Esto era, se dice, por esto era. Al fin. Por eso estoy aquí. Espera diez minutos después de que ella traspase la puerta de un pequeño comercio en cuyo rótulo se lee Sombrerería Larqué.

—Buenas tardes.

Entre el mostrador de madera maciza y un aparador acristalado sembrado de sombreros femeninos, sus ojos verdes. En el interior del hombre, la violencia es un batir de colibrí.

—Dígame en qué puedo ayudarle.

—Querría un sombrero.

—No señor.

Ella le mira de frente, a los ojos, desde abajo. Si la abrazara, y no hay otra cosa que desee ya, la cabeza de la joven apoyaría contra su pecho.

—¿Perdón?

—Usted no quiere un sombrero.

No hay reproche en la voz.

—¿Ah, no?

—No señor. Usted estaba en el hall del Hotel de l'Orient y me ha seguido hasta aquí.

Baja los ojos y posa sobre el mostrador dos manitas

blancas no como de porcelana, no brillantes, sino como cubiertas de una fina capa mate por la que pasar la lengua.

—He soñado con usted.
—Podría ser.
—El fuego...
—Pero eso no le da derecho a seguirme.
—Querría invitarla a un cóctel.
—Estoy trabajando.

La idea de comprar la tienda, de comprar el Hotel de l'Orient y la ciudad de Pau entera cruza por la mente de Delfín. Podría.

—No tiene que trabajar si no desea hacerlo. Cásese conmigo.
—Usted está loco. —Pese a la sonrisa, sus labios no se despegan.
—Podría ser. Sí, también eso podría ser. ¿Cuántos hijos desea tener?
—Me llamo Sophie. Sophie Larqué.
—Sofía —musita él en español—. Señora de la sabiduría, claro. Claro que sí... Delfín Sánchez Juárez, para lo que usted necesite, el que será el padre de sus hijos.

La cabeza de Cristina Sánchez Juárez sobresale dos palmos por encima de las del resto de las mujeres, cabeza ineludible, mascarón. El corrillo fragante, espumoso, resplandeciente se mueve en torno a ella de forma natural, como las fieras se colocan a la sombra del árbol mayor.

En el mismo instante en que su hermano Delfín pone el pie sobre la alfombra que penetra en el Salón París del Hotel de l'Orient, ella vuelve la cabeza. Él ve a la fiera salvaje, los ojos de la bestia, «muerte o conmigo», la oye bramar sin necesidad de que ella abra la boca, sin más gesto que la mirada.

Con la mano derecha apoyada suavemente sobre el

hombro de la joven Sophie Larqué, la guía hacia el extremo de la gran barra opuesto al que ocupa el grupo y saluda con una leve inclinación de cabeza.

Cristina deja caer su copa al suelo. Sin decir palabra y ante la mirada sorprendida del grupo, que de golpe ha perdido toda espuma, que ya es solo un puñado de aves, de pavos, un montón de plumas, se acerca en largas zancadas tambaleantes hasta la pareja recién llegada.

–Llevo horas esperándote.

–Querida hermana, te presento a Sophie, Sophie Larqué.

Cristina ni siquiera se digna bajar la mirada hacia aquel animalillo ordinario coronado de rojo.

–Vamos, Delfín.

–No, Cristina. Hablamos en casa. Dile por favor al chófer que no me espere.

Entre los dos colosos, la muchacha de Pau percibe con claridad la lucha feroz de corrientes contrarias. La corriente de furia desmedida, magnífica y crudelísima que brota del pecho de la hermana, contra la otra, el chorro de determinación con que Delfín planta cara y que la protege a ella en una campana de diamante.

Algo acaba de romperse, de romperse muchísimo, y todo el aire hierve de filos y promesas de dolor. El silencio en el salón ha suspendido los alcoholes cuando suena la voz de la mujer como obsidiana.

–Pobre, pobre imbécil.

Delfín coloca el cajoncillo de fresas a los pies de la cama.

–Nunca había visto tantas fresas juntas –ríe ella.

Sophie permanece desnuda con la soltura larga de un junco, con la naturalidad no de una gata, no de una ardilla, sino de la rama del naranjo que ya florece, siente, siente su aroma, azahar.

Todo su cuerpo parece cubierto de polvos de arroz,

con la abundante pintura fresa de la cabellera y una suave, delicadísima pincelada entre las piernas.

La muchacha se ha arrodillado sobre la sábana blanca y después ha bajado hasta apoyar las nalgas sobre los talones, con las largas piernas cerradas. Su cadera estrecha, la frágil cintura lisa, los dos pechos casi adolescentes de discretos pezones naranjas, el cuello largo, todo se opone a la impostura de la obscenidad. Y ríe.

En el hueco que forman los muslos al juntarse con el monte de Venus coloca Delfín, que permanece vestido, la primera fresa. Ahí la atrapa con los labios. Entonces, ella se tiende.

—¡Una caja entera!

ELIZONDO, 23 DE SEPTIEMBRE DE 1920

La familia de los Portolés ha vuelto a acoger a Sophie Larqué. Sophie, la joven francesa delicada y clara que habla un gracioso español con acento mexicano, esposa de su amigo Delfín Sánchez Juárez, ha dado a luz allí por tercera vez.

Enrique y Soledad Portolés esperan que les sirvan la sopa de la noche sentados a la mesa maciza de la sala pequeña. El caserón tiene dos salones y un comedor grande, pero el verano termina y el matrimonio va retirándose de los espacios amplios. Sobre ellos, una lámpara de madera de seis brazos tiñe la estancia del amarillo que tienen las imágenes puestas en duda. Al fondo, la chimenea resulta insuficiente.

–¿Cuándo llega tu hermano Nicolás? Esta mujer necesita un médico como Dios manda.

El hombre se ha echado un batín sobre el traje de lana. Se frota las manos mirando hacia un fuego bien alimentado que sin embargo no parece templarle.

–No sé. Estará a punto. Ayer se despeñaron. Un carro. –Soledad, más que hablar, expulsa morosamente frases como quien emite ecos–. Un matrimonio de Berro. En el repecho. Ha llegado pronto el frío. Ya hay hielo.

Una mujer redonda y pesada aparece por la puerta cargando en la bandeja una sopera y el cazo. La gruesa chaqueta abotonada hasta el cuello le da un aire de exterior, como si fuera a salir de la casa o acabara de entrar.

—Pues si tarda mucho tu hermano va a ser tarde —dice el marido apartándose para que el vaho de la sopa que le acaban de servir no le empañe las gafas.

—Ya te lo he dicho. Nicolás está en camino.

La sirvienta inicia la retirada, una vez cumplida su tarea. Soledad Portolés mira su sopa un segundo, se levanta y la sigue sin volver la mirada hacia su marido.

—No tengo apetito.

La joven madre Sophie Larqué descansa en la cama de la habitación de huéspedes, sábanas de hilo, loza, espejo, lana, en el piso de arriba. Cubierta por los helechos húmedos de la fiebre, la mujer ve un campo verde que brilla empinado al sol y las cabezas de sus tres hijos rodando por la ladera.

Ruedan, cara, ruedan, cogote, despeluzadas ruedan, ruedan cara, ruedan cogote, ruedan escabrosas hasta que van a dar a sus pies.

La cabeza de Pablo, el mayor, idéntico a su marido Delfín, pero más robusto, un indio oscuro de ojos enormes y pelo granate, la cara de un diosecillo pagano en cuero.

La cabeza de Delfinito, tan parecido al padre de Sophie, a su familia francesa, un chico claro, lavado, Larqué.

La cabeza de Maurice, que no tiene cara, y le falta de una manera tan femenina que así de pronto le parece una niña.

Fuera de la pecera en la que se siente inmersa oye entrar a Soledad. Por un ligero cambio en el movimiento y la temperatura del aire deduce que traen más brasas.

Sophie Larqué sabe que ya no está viva.

No le sorprende, de vuelta en el sueño no exactamente aterrador de las cabezas rodantes, encontrar también la de su esposo Delfín entre las de los niños. Lo que le asombra es descubrir tan tarde que su marido, el indio enorme, también es un niño, y por eso sabe que se ha hecho vieja de golpe y no está viva.

No huele bien desde que parió al bebé que tenía que ser Maurice y que fue un ángel de paso. Eso le dijo la comadrona, una moza vieja de Elizondo que había atendido ya el nacimiento de sus otros dos hijos: Maurice ha sido un angelito de paso por este mundo, hija mía, un ángel que nos ha permitido ver su rostro, él nos guarde de todo mal.

—Creo que me iré con él.

El murmullo ininteligible de Sophie atrae la atención de Soledad justo cuando va a cruzar la puerta de vuelta al salón.

—¿Necesitas algo, querida?

—Creo que voy con mi ángel.

Soledad le pasa la mano por el nacimiento del pelo, empapado. La melena roja fue lo primero que le llamó la atención de su amiga, una melena tan espesa y fulgurante que, junto con su empecinamiento, empujaba a pensar en Sophie como en la mujer fuerte que no era.

¿Por qué hay personas que tienen que sufrir tanto sin merecerlo?, piensa la dueña de la casa. Y luego: ¿Por qué tengo que compartir este sufrimiento?

Soledad entra cabeceando en el salón con un pañuelo sobre el rostro. Parece que está enjugándose las lágrimas o la moquita fruto del llanto, pero intenta desprenderse del olor de la habitación de la enferma que se le queda adherido al interior de las aletas de la nariz. Nota cómo esa fetidez le está creando un rechazo preñado de repugnancia hacia su marido y sabe también que está en el centro de su decisión de no volver a tener hijos.

—No llora.

Enrique Portolés sostiene en la mano derecha un vaso ancho de cristal tallado lleno de un anís de bayas casero.

—Hoy tampoco vendrás a la alcoba, ¿me equivoco?

Ella vuelve a menear la cabeza en una negación levísima, un movimiento que si hubiera un piano en la estancia parecería la inclinación del oyente para mejorar el ángulo de audición de la pieza.

—Sigue sin llorar ni decir nada. Está en los huesos. Se está consumiendo, Enrique.

—¿Hasta cuándo va a durar esto?

Está claro para ambos que su marido se refiere a su propio cuerpo.

—Bestias sin entrañas —murmura ella—. Así sois vosotros. Bestias construidas hacia fuera.

Sophie lleva ocho días con fiebre alta. Han pasado nueve días desde que murió su hijo Maurice, doce desde que lo dio a luz. Septiembre ha arrancado con un frío de marzo y en nada será hora de enviar a los niños a Pamplona, al colegio. Soledad piensa que su hermano Nicolás ya no puede tardar mucho. El doctor Irusquieta, el de Elizondo, está tratando a la enferma con dedicación, pero daría igual si estuviera tratando a una cabra. Para el médico del valle del Baztán la muerte de una parturienta no es un acontecimiento.

—Soledad, te lo repito, ¿cuánto va a durar esto?

—Creo que Nicolás llegará mañana.

—La semana que viene viajo a Madrid, y de ahí, vuelvo directo a Pamplona. He venido para estar contigo.

—Enrique, tienes el corazón como una piedra.

—Delfín no llegará a tiempo. Lo conozco bien. Más vale que vayamos encargando nosotros el cajón. Ese hombre ha sufrido demasiado.

–Oh, sí, el sufrimiento. Como una piedra negra, tienes el corazón.
–Lo que quieras, mujer, lo que tú digas.

El 25 de septiembre de 1920, Sophie Larqué fue enterrada en el pabellón familiar de los Portolés, en el pequeño cementerio de la localidad de Elizondo, capital del navarro valle del Baztán, pueblo que entonces contaba con apenas un puñado de vecinos, algunos más en aquellos días porque no todas las personas de veraneo habían vuelto a sus hogares.

Los niños Pablo y Delfinito Sánchez Larqué, sus hijos, fueron ataviados de riguroso luto con sendos ternos cosidos por la modista de la familia Portolés y amiga de la casa, Juana Barbero, quien no paró de llorar desde la primera a la última puntada. Fueron dos pantalones cortos de hilo negro, dos camisas de la misma tela y doble botonadura, con cuello recto para Pablo, de cuatro años, y cuello redondo para Delfinito, que con dos años empezaba a dar sus primeros pasos seguros. Para el pequeño no encontraron calcetines negros de semejante tamaño, ya que no había quedado un huérfano tan pequeño que se recordara en el pueblo, así que hubo que teñir un par de blancos a toda prisa.

El viudo, Delfín Sánchez Juárez, jamás apareció.
Nadie fue a buscar nunca el cuerpo de Sophie Larqué y nadie puso jamás flores en su sepultura. Sus dos hijos, Pablo y Delfinito, no volvieron a pisar Elizondo, aquel pueblo remoto del Pirineo navarro.

Si tú pronuncias la palabra Elizondo en el punto central de la avenida Benito Juárez de San Pablo de Guelatao puedes oír un tintineo de remolino en el aire, el rumor de los lugares donde las sagas terminan, donde pudieron ser.

PAMPLONA, SEPTIEMBRE DE 1920

El capitán de Caballería Julio Íñigo Bravo, barón de Apizarrena, reconoce esa sensación. Es suya y pertenece al lugar en el que siente que es un hombre solo y solo un hombre. Le dejan de pesar las piernas, se le ensancha la caja torácica y el vértigo que lleva minutos, demasiados minutos, sintiendo desaparece y cede su sitio a la laxitud de la derrota.

Esta lección debería constar en toda escuela de oficiales: una vez que la derrota es irreversible y el sujeto toma conciencia de su situación, adquiere un grado de superioridad ligado a la desinhibición que le empuja al heroísmo o la masacre. O, dicho de una manera menos elaborada, finalmente macarra: cuando todo está perdido, no hay nada que perder.

Deja caer la última mano sobre el tapete y los naipes le parecen pinturas obscenas.

Sin mirar el reloj que cuelga de su cintura, sin saber qué luz u oscuridad reina más allá del recinto en el que no sabe cuántas horas lleva encerrado, la resignación le indica que ha vuelto a franquear la frontera. El capitán Julio Íñigo se levanta como si se sacudiera la ropa ante un desfile rutinario y revisa su conciencia para llegar a la conclusión de que, de nuevo, ha soñado ser niño.

Sabe que su mujer, Adela, le estará esperando en casa con todo preparado para el traslado. Piensa en ese preciso momento en un par de codornices escabechadas y desea con todas sus fuerzas que haya un par de codornices escabechadas en su casa. Por primera vez en las más de veinte horas que lleva sentado a la mesa de póquer nota que tiene hambre. Y calcula que le queda menos de un día para partir hacia África. Cae en la cuenta de que su férrea Adela podría estar en esos momentos enviando a sus dos hijas, María Angelines y María Josefa, en tren hacia Valladolid y se pregunta si es misión de un hombre estar presente en el trámite de delegar los vástagos. Sin responderse y pensando en codornices, enfrenta la luz de un día que no sabe si es el siguiente u otro después.

Veinte minutos tarda en llegar a la puerta de su hogar. Antes de abrirla, sabe por las voces que las niñas aún no han partido. Angelines, la mayor, tiene siete años, y tres María Josefa. Angelines es igual que él, seca, firme y burgalesa, claramente castellana. María Josefa, igual que su mujer, fresca, curva y navarra, algo ribereña. Ambas subirán en el tren que las lleve a Valladolid, donde su hermana ejerce de superiora del convento de las ursulinas. África es un destino sin concesiones y su mujer va a perdonarle, con las hipotecas de siempre, ese retraso que irrumpe en el ajetreo de una casa en desmontaje.

ELIZONDO, OCTUBRE DE 1920

Catorce días tardó la familia Sánchez Juárez en enviar al chófer desde San Sebastián a buscar a los niños Pablo y Delfinito Sánchez (Juárez) Larqué tras la muerte de su madre. El coche con capota llegó a Elizondo pasadas las siete de la tarde. El conductor tuvo que hacer noche en la casa y después pasar la mañana siguiente a la espera de que los caminos perdieran parte del hielo de la madrugada.

Fue la modista y amiga de la familia Juana Barbero la que permaneció junto a los dos hermanos en todo momento. Soledad Portolés, señora de la casa, había marchado hacia Pamplona con sus hijos el mismo día en que enterraron a Sophie en su propio panteón familiar, sin más asistentes que ella y su marido.

Juana Barbero, al ser vecina de Elizondo, se ofreció y se instaló en el caserón de los Portolés para cuidar de los críos hasta que alguien acudiera a hacerse cargo de ellos.

La misma noche en que por fin llegó el chófer a buscarlos, ella quemó en la chimenea de la cocina los dos ternos de luto que pocos días antes había cosido para los hermanos Pablo y Delfinito.

Pablo, el mayor, le preguntó por qué lo hacía.

—Para que no quede nada de tanta pena negra aquí —respondió ella.

Entonces, el niño se sentó en su regazo y al amor de aquel fuego de purificación se quedó dormido.

—¿Qué va a ser de estas criaturas? —preguntó Juana Barbero al chófer mientras acariciaba la cabeza pelirroja del crío en su pecho.

El hombre, que tomaba un cuenco de sopa con garbanzos y panceta para recuperarse del frío y el cansancio del viaje, se encogió de hombros.

—A mí me manda la señorita Cristina, su tía de ellos.

—¿Y el padre?

—No sé nada yo de ningún padre. Vengo de parte de la señorita Cristina, y la semana que viene tengo encargo de llevarlos a Valladolid.

—¿A Valladolid?

—A los jesuitas.

—¿Internos los meten?

—A ver si no. ¿Qué iba a hacer la señorita Cristina con dos críos tan pequeños que ni madre ni padre tienen?

—Padre tienen, sí que lo tienen, que yo lo he visto.

—Pues a lo que se ve, no lo tienen ya.

—Tan pequeñicos...

Juana Barbero apretó un poco más a Pablo contra sus tetonas, hundió la nariz en el pelo del niño y se dejó llorar con suavidad por no despertarlo.

En la chimenea, los dos trajecitos de luto eran ya un montón de cenizas entre las que se podían distinguir algunos botones de hueso.

VALLADOLID, 1925

Pablo pega la mejilla contra la verja. Ha cumplido nueve años. El internado de los jesuitas en Valladolid tiene dos verjas. La primera, la que delimita el patio de recreo de los internos, es de barrotes de hierro. La segunda rodea el perímetro de la institución y es de piedra. Al niño Pablo Sánchez (Juárez) Larqué le gusta situarse justo enfrente del portón que abre la tapia de piedra, con dos hojas de barrotes pintados de verde carruaje. Le gusta hacerlo porque de vez en cuando se puede ver por entre los hierros pasar un coche o alguna persona. A veces se acerca el hombre.

Cuando Pablo pega la mejilla y la oreja derechas en la verja del patio de recreo, mira hacia delante, y le parece que los barrotes no tienen fin. También le parece que huele un poco a sangre. Entonces, situado así, mirando hacia el final sin fin de la verja, separa lentamente la cara con un ojo cerrado para ver cómo la hilera de hierro se va abriendo lentamente, desplegando un ejército herrumbroso y obediente.

Esta será la tercera y última vez que le vea.

La primera vez, el hombre le llamó la atención porque le miraba. Precisamente a él, a ningún otro niño. A veces, algunas personas de fuera asoman la nariz para mirar a través de la puerta de la tapia grande, pero miran adentro en general, a nada en particular, o saludan de forma idiota a los internos, como si a los internos no les perturbara lo exterior. Sin embargo, el hombre le mira solo a él.

Ese primer día se dirigía a pasar lista a su ejército de barrotes. El hombre se le quedó mirando sin hacer ningún gesto. Así permanecieron un buen rato, mirándose a los ojos. Entre ellos, los treinta metros que separan la verja del patio de la tapia exterior. Le pareció un gigante y también le pareció un señor importante. Era un hombre de ciudad. Pocas, poquísimas veces se veía en el internado a un hombre de ciudad. Curas, jardineros, instructores, eso sí, pero no hombres de ciudad, y mucho menos elegantes.

Algo más de una semana después de aquella primera vez, el hombre grande volvió a plantarse ante la puerta a la hora del recreo, y Pablo le estaba esperando. Cada día le había ido a esperar. En aquella ocasión el hombre estuvo apenas un par de minutos.

Esta tercera y última vez, el hombre hace algo nuevo. Se quita el guante derecho y agarra con esa mano uno de los barrotes de la puerta exterior. Pablo se pega a su verja y se queda muy quieto porque quiere que aquello dure, por si pudiera hacerlo durar. No sabe expresarlo, ni sentirlo sabe, pero la figura del hombre de ciudad cuela en su patio de internado la posibilidad de que exista otra vida, algo en lo que él jamás piensa. Cuela la posibilidad de un comedor de casa familiar, y en ella una cocina, una despensa. Cuela la extraña idea de una familia en la que convivieran un padre y una madre con sus hijos.

Un fuerte silbido saca a Pablo de esas incómodas sensaciones. Se da la vuelta para comprobar que el patio ya se ha vaciado y los últimos rezagados cruzan la entrada al edificio escolar. Muy despacio, para que siga durando, para no romper nada, el niño se vuelve otra vez hacia la salida para mirarse con el hombre de ciudad por última vez, pero ya es solo una espalda con sombrero que se aleja.

Hasta el mismo día de su muerte en el año 1985 en la ciudad de Zaragoza, Pablo soñará con ese hombre.

VALLADOLID, 11 DE MAYO DE 1931

El padre Arbeloa cuelga el teléfono y se pasa la mano derecha por el espeso cabello gris. Después, lentamente, se acerca a su escritorio y apoya ambas manos sobre la madera. Hincha los carrillos, expulsa lentamente el aire, cierra los puños hasta que los nudillos son blancos y propina una fuerte patada a la silla maciza de la que se ha levantado un par de minutos antes. El dolor le obliga a soltar un gruñido apenas audible, que remata con una nueva patada, esta vez a la mesa. Entonces, mira la puntera de su zapato italiano, para comprobar que permanece perfecta.

Cuando sale de su despacho en la segunda planta del colegio de los jesuitas de Valladolid, llamado de San José, cojea ligeramente. Desciende hasta la primera, a la galería de arcos acristalados que rodea el jardín de entrada de la institución, y mira pensativo hacia el exterior. Un par de docenas de alumnos, los mayores, forman varios corrillos, algunos caminan de aquí para allá con gesto furioso. Son las tres de la tarde y ninguno de los internos, de entre quince y diecisiete años, como tampoco los sacerdotes que a esa hora le esperan en la sala de juntas, ha comido.

Decenas de bandas toscamente armadas han pasado la noche cercando con pedradas, cánticos e insultos varios conventos de jesuitas en Madrid y otras ciudades, sobre todo del sur. Desde la primera madrugada, los responsables del colegio de Valladolid se han mantenido atentos a las comunicaciones y, al despuntar la mañana, han enviado a los alumnos que iban llegando de vuelta a sus casas. Este 11 de mayo no habrá clases, y solo los internos permanecen dentro del colegio, cerca de doscientos chicos de entre tres y diecisiete años.

Afuera, el joven Pablo Sánchez (Juárez) Larqué se ha detenido junto al estanque donde un puñado de peces baila a la luz de un sol primaveral que ya pica. A sus quince años se ha convertido en un mozo moreno, alto y ancho de maneras enérgicas y mirada melancólica. Cuando se da la vuelta para encarar algo que le ha llamado la atención, tiene el ceño fruncido y los gruesos labios apretados. Enseguida divisa a su mayor tras la cristalera. A grandes zancadas, con el gesto de quien tiene una misión, una misión grave y elevada, se dirige hacia allá, de tal modo que el resto de los muchachos se percata de su acción y echa a andar detrás de él.

El padre Arbeloa los ve avanzar con Pablo a la cabeza. Conoce bien al chico. Siente que lo ha criado. Desde que llegó a la institución, con cinco años, acompañado de su hermano menor, Delfín, le ha visto crecer, ganar fuerza, inteligencia y arrojo. En dos años empezará los estudios de Leyes, después de una década viviendo entre esos muros, sin apenas salir. Es, sin duda, uno de sus mejores alumnos. Todo el grupo de los internos mayores que se dirige hacia él le despierta una mezcla de orgullo y melancolía. Observa lo que hay de él en ellos, y por eso no se mueve pese a que sabe que debería dirigirse inmediatamente a hablar con el resto de los sacerdotes. Prefiere a los chicos, y, al ser consciente de ello, sonríe ligerísimamente. Sabe por qué.

–Malas noticias –dice con voz grave y un gesto sin teatro.

La luz entra por las arcadas, atraviesa las cristaleras cerradas con listas de madera en arcos y cuadros, y dibuja en el suelo y sobre los chicos figuras geométricas, líneas de sombra que, como ellos, se agitan nerviosas.

—El Instituto de Artes e Industrias de Madrid está ardiendo. —El padre Arbeloa retira los ojos de los de Pablo y devuelve la mirada al jardín—. Y parece que los canallas alcanzan ahora el Colegio de las Maravillas y el colegio de las hermanas de Chamartín.

—¡Hay que hacer algo! —El joven Pablo se dirige a sus compañeros con los ojos como brasas negras. Después, vuelve a mirar al padre Arbeloa y recupera la serenidad, finge recuperarla. Ha aprendido de él elegancia, austeridad y cierta forma de desprecio altivo—. Perdone, padre, tenemos que hacer algo.

—Están quemando también iglesias en Málaga, Alicante, Sevilla y Granada —el sacerdote enumera con voz pausada por la tensión. Cruza sus manos sobre el pecho apretando unos dedos blancos, sin vello, de manicura perfecta. La afectación que se le inocula ante la cercanía de sus alumnos mayores, los internos con los que lleva años conviviendo, le resultaría, de ser consciente, imperdonable.

—¿Qué va a pasar ahora?

El clérigo no ha sentido el aliento del miedo hasta que escucha la pregunta. La situación de los jesuitas en la ciudad no es extrema, al menos no como en otras zonas de España. Sin embargo, él es padre en ese momento, se siente padre y algo parecido a la idea de familia clásica tira con otra fuerza de sus músculos. Suyos, esos jóvenes son suyos.

—Llamen a los pequeños, reúnanse todos en el patio grande. Espero de todos ustedes discreción y calma. En unos minutos acudiremos nosotros.

—Padre —es Pablo de nuevo quien toma la palabra—, si

las autoridades no frenan a esos comunistas, alguien tendrá que hacerlo.

Al mirarlo, el jesuita siente la goma de un odio aún incipiente que el muchacho mastica con las palabras. No le preocupa que a sus propios ojos asome un sentimiento que está más cerca del aplauso que de la reprimenda, pero es más partidario del desprecio. Hace ya algunos días que ha decidido que no avivará el ardor de los internos, pero tampoco piensa apagarlo.

Pasadas las dos de la madrugada, los internos Pablo Sánchez (Juárez) Larqué y Pedro Izaguirre de Haro se encuentran en el pasillo exterior de sus dormitorios. Los sacerdotes han asegurado, en una reunión improvisada al aire libre, que el colegio de Valladolid no corre ningún peligro, y que las clases se reanudarán en un par de días. Los sacerdotes se lanzaban miradas fugaces mientras lo decían, y algún hermano parecía haber llorado o ir a explotar. El nerviosismo que cunde entre los alumnos ha impedido a los mayores conciliar el sueño.

–¿Estabas dormido? –Pablo ni siquiera se ha puesto el pijama. Viste un calzón corto de algodón blanco y una camiseta interior de tirantes.

–No. –En los ojos de su amigo Pedro Izaguirre, la angustia–. ¿Has oído el ruido?

–Sí, son dos furgonetas.

Pablo indica a su amigo que le siga. Desde la ventana de uno de los dormitorios de los menores pueden ver la entrada principal. Abajo, varias personas a las que no distinguen van cargando grandes cajas en los furgones.

–En Villafranca los antiguos alumnos y los padres han montado guardia. –Pablo habla en un susurro para no despertar a los seis críos que duermen.

–¿Ha pasado algo grave?

—No ha pasado nada por lo que te digo. Porque iban armados.

—¿Con pistolas?

—Armados con armas, claro, ¿con qué iban a ir armados?

—¿Y los comunistas?

—Unos cobardes, como se esperaba. —Los ojos negros del joven Sánchez Larqué se endurecen, y la quijada, y los pómulos, y los músculos de sus brazos, y todo el aire que le rodea se endurece–. Los del colegio de Villafranca llevan ya dos días haciendo turnos. Los comunistas se cagaron. Ni se han atrevido a acercarse. No sé qué estamos haciendo nosotros.

VALLADOLID, 4 DE FEBRERO DE 1932

A las cuatro de la madrugada, el hermano Martínez entra con un cazo de café humeante en la sala común de los alumnos, en lo que fue la sala común de los alumnos y ahora es una estancia completamente vacía a excepción de un brasero de cobre donde las ascuas empiezan a perder fuerza. Los jesuitas al frente del colegio San José de Valladolid han permitido solo a veinte de los más de doscientos internos pasar la última noche dentro de la institución. Durante años, esa ha sido su casa. Ya han distribuido al resto en domicilios de familiares u otros centros semejantes al que van a abandonar. En una semana partirán con los mayores hacia Curía, la pequeña población portuguesa donde les esperan un balneario y un par de hoteles dispuestos para reiniciar la vida escolar.

En realidad, los jóvenes que a aquella hora discuten y trazan encendidos planes sentados sobre el suelo de madera también llevan algunos días durmiendo fuera. Desde que el nuevo gobierno republicano puso en marcha la definitiva expulsión de España de los jesuitas, allí dentro poca cosa queda. Se les ha permitido esa última noche por ser los alumnos más veteranos.

Afuera hiela. Dentro, las ventanas de lo que fue la sala

común son las únicas empañadas. Sobre las cristaleras de la galería va cuajando una fina capa de escarcha que brilla con reminiscencias de Navidad. El fuego va por dentro.

Pablo y Delfín Sánchez (Juárez) Larqué son veteranos entre los veteranos. Han dormido durante la última semana en el Hotel de France de Valladolid con su tía Cristina, y en sus salones han asistido con ella a las reuniones diarias de los miembros de las JONS.

–Te tienen fascinado, y son una panda de imbéciles. –Pablo se ha llevado a su hermano menor hacia un rincón de la sala. Habla en voz baja con él, preocupado por los últimos gestos violentos del adolescente, sentados los dos sobre la tarima del suelo.

–¿Qué dices, Pablo? –Delfín, grande como su hermano pero algo más bajo, suda de rabia–. Dime, ¿con quién estás?

–No preguntes idioteces.

–Nos están quemando las casas y las iglesias, nos lo han robado todo, malditos sean. ¡Todo! –Pablo le hace un gesto para que baje la voz–. Déjame en paz. No te entiendo, ¿con quién estás? Nos acabarán quemando a nosotros, vivos, a ti, a mí, a la tía Cristina.

–Los jonsistas y sus pistolas me dan risa. Son como monos armados. Todas esas teorías sobre la violencia... Monos armados.

–¿Ah, sí? Dime tú, Pablito, que tanto sabes, ¿quién te defenderá cuando esos comunistas asesinos vengan a quemarte vivo?

–Esos comunistas asesinos son un rebaño de cabras, Delfín.

Pablo coloca la mano sobre el brazo de su hermano como forma de conciliar, y quizás porque su cansancio destemplado de las cuatro de la mañana necesita otro tipo de calor. Con un gesto enérgico, Delfín rechaza el contacto de su hermano y se levanta lentamente, mirándole a los ojos con una ficción de pesadumbre que es brasa furibunda. Entonces, al incorporarse, Pablo se da cuenta. De un salto, se levanta, agarra a su hermano por ambos brazos y lo empuja contra la pared más cercana. De golpe, ya no es el primogénito conciliador y sereno. Es el grandote, el moreno, el mayor, una fiera.

—Dime qué carajo llevas ahí. —Trata sin éxito de alcanzar las traseras del pantalón del menor.

Delfín va a contestarle con violencia cuando se dan cuenta de que toda la sala se ha quedado en silencio pendiente de lo que sucede entre ellos. Deja que su hermano Pablo le pase el brazo sobre los hombros y lo conduzca al pasillo. Sea por el brusco cambio de temperatura, o por la necesidad de cercanía ante la súbita presencia del hierro y la muerte, no se separan.

—Enséñamela —ordena Pablo con una calma que roza la fatalidad.

Delfín se echa la mano a la espalda y muestra una pequeña pistola negra y, por el tamaño, algo femenina.

—¿De dónde la has sacado?

—¿Qué importa eso?

—Quedan un par de horas para que esto se empiece a llenar de gente, Delfín. Antes de ese momento, tienes que haberte deshecho de ese trasto. Estás completamente loco.

Ya han empezado los gritos y los cánticos. A las puertas del colegio de los jesuitas de Valladolid, a las once de la mañana de este 4 de febrero se agolpan varios cientos de personas que ocupan la calle entera y algunas de las vías aledañas. «¡Arriba los valores hispánicos!»

Desaparece el control del cuerpo. Tiembla la barbilla y las manos tiemblan y las piernas parecen perder sus huesos. Desaparece el control del cuerpo. Un fogonazo echa a temblar la mente, que no atina, y entonces la inteligencia no es inteligencia sino ese fogonazo. Desaparece el control del cuerpo. Unas ganas insoportables de orinar dan paso al grito.

—¡¡Delfín!!

Allá lejos, su hermano menor alcanza a oír el alarido de Pablo. Este mira hacia todas partes para localizar a su tía Cristina. Tras el empujón de los guardias, un grupo de las JONS la arrastra hacia el centro del tumulto. Cantan himnos a favor de la muerte, España y la muerte, Su España. Pablo interroga a Delfín con la mirada. Ha perdido el control de su cuerpo y tiembla junto a la puerta principal del colegio por la que acaban de entrar las autoridades republicanas a tomar posesión. ¡España!, una voz bronca, rota. ¡Una! Su hermano menor se encoge de hombros, muestra las palmas hacia arriba y enarca las cejas en un gesto de qué le vamos a hacer. ¡España!

¡Grande! En un gesto de Tú lo has querido así. Se da la vuelta y se une a un grupo de jonsistas. ¡España! ¡Libre! Pablo alcanza a ver cómo, entre cientos de cabezas, su hermano Delfín saca la mano y en la mano un objeto. Entonces suena un tiro y él, Pablo, se vuelve hacia donde avanza el Gobernador y grita con toda la fuerza de su temblor.

—¡¡¡Viva la muerte, carajo!!!

PRIMERO DE NOVIEMBRE DE 1945

Como de costumbre, María Josefa Íñigo Blázquez, la Jefa, ha dejado avanzar la mañana en la cama hasta que la campana de la iglesia de los jesuitas ha tocado las once. Con el último repique, alarga la mano, coge la campanita dorada con pequeños dibujos en esmalte rojo heredada de su madre y la menea con desgana. Al volverse para dejarla de nuevo sobre la mesilla de noche, descubre en la almohada una mancha de café con leche. Sonríe y vuelve a recostarse. Tiene veintinueve años. Afuera, apagado por un par de puertas cerradas, suena el llanto de su segundo hijo, que debe de reclamar al ama su ración puntual. Pronto cumplirá el año y medio.

Como un animal atemorizado, entra la doncella, una moza rolliza, blanca y cubierta de pelusa que la Jefa encontró en la casa ya a su llegada, hace seis meses. Agradeció entonces a su amiga Pitita que se hubiera ocupado de cubrir el servicio. La chica debe de haber llegado de algún pueblo cercano y no parece tener todavía los dieciséis. María Josefa no logra recordar su nombre. Nunca recuerda los nombres de las chicas. Es una forma de habitar mundo y casa, y también una forma de ser.

–Hijica, pide por favor que me calienten el baño.

La muchacha se agacha para recoger el tazón con restos de café con leche y su mirada va directamente a la mancha parda sobre la funda de la almohada.

—Pediré que le cambien las sábanas, señora.

María Josefa sigue la mirada de la sirvienta.

—No.

—Perdón, señora. Tiene una mancha.

—Sí, pero es *mi* almohada y es *mi* mancha.

—Como usted mande.

—¿A ti no te gustan las manchas, hija?

La muchacha baja la vista y es evidente que duda entre encogerse de hombros y elegir una respuesta que nunca será la correcta.

Se encoge de hombros.

—Pues a mí sí. A mí mis manchas me gustan.

A las doce en punto oye en la escalera la tos de su marido, el capitán de Caballería Pablo Sánchez (Juárez) Larqué. Ella se encuentra en ese momento besando al niño con la sensación de que algo en el juego ha llegado demasiado lejos, y que no hay vuelta atrás. ¿Qué juego? Cualquier juego y todos los juegos. Tras algunos años fuera de Zaragoza, ha regresado a la ciudad dispuesta a hacerla suya. No exactamente a pertenecer, sino a que la ciudad le pertenezca. Por eso le ha pedido a Pablo que este Día de Todos los Santos la lleve al cementerio, para empezar por donde debe ser: Por los muertos y sus rituales.

Cuando se abre la puerta, María Josefa ya se abotona el abrigo de lana. Sin levantar la mirada, ve al capitán pasar hacia el salón. Mientras ella se ajusta el pañuelo a la cabeza y se coloca unas gafas de sol montadas en carey oscuro, él se sirve una copa de coñac que apura de un trago corto y rutinario.

—Hala, Pablo, vamos.
—El coche está abajo.

Se agarra del brazo de su marido y el principio de odio con que acostumbra a jugar desde el mismo día en que se casaron vuelve a ser orgullo. El varón mide un metro noventa y tres centímetros, viste uno de los uniformes más condecorados, despierta la admiración de hombres y mujeres por igual, ha ganado la guerra.

Y es el suyo. No hay otro igual en toda la ciudad, y el que hay es suyo. Eso basta para borrar la punta de odio sobre la que ha estado bailando hasta pocos minutos antes.

Aprieta el brazo del militar con su guante crudo de cabritilla y salen al frío de Zaragoza. Un cierzo que corta la respiración arrasa el mediodía y la obliga a estrujarse contra él. Se miran un instante ante el asistente del militar que mantiene la puerta del coche abierta. María Josefa deseó a aquel animal desde el primer momento en que lo tuvo delante, años atrás, recién empezada la guerra, junto a su padre. No lo deseó como se desea a un macho. Deseó el objeto. Jamás había visto un ejemplar semejante e inmediatamente supo que sería suyo. Ni entonces ni ahora, nueve años después, frente al asistente, se le ha ocurrido pensar que esa bestia necesitara atenciones, al menos más allá de las que él solo pueda procurarse.

Aquellos hombres y mujeres que poseen el dinero suficiente como para no dedicar un minuto de su vida a pensar en el dinero caminan distinto, aquellos que saben hacerlo, no dedicar a sus monedas un tiempo que sus monedas no necesitan. Luego, además, entre ellos hay algunos cuyo aspecto resulta extraordinario. Así el capitán Pablo Sánchez (Juárez) Larqué y su mujer, la Jefa, bajando del coche oficial a la entrada del cementerio de Torrero.

Sobre el camposanto aún flota fresca la muerte. Contra el cementerio de Zaragoza, a esas alturas todavía la muerte sucede insolente, se perpetra.

—Pasaremos el mes de diciembre en San Sebastián.

—Lo que tú digas, María Josefa.

Existen diferencias notables entre quienes *tienen* mucho dinero, quienes *consiguen* mucho dinero y quienes *ganan* mucho dinero. Resulta muy poco aconsejable que una persona que tiene mucho dinero —en este caso se llama riqueza o propiedades— se mezcle con otra que, sencillamente, gana mucho dinero. Esta es la base del pensamiento de María Josefa Íñigo Blázquez, la Jefa, hija menor del coronel de Caballería Julio Íñigo Bravo, barón de Apizarrena.

—Los niños irán a la casa de Zarauz, con las chicas. Tu asistente se encargará.

—Sí, bien, lo que tú digas, María Josefa.

—Es mejor así. Lo contrario me parece un lío. Los De Escoriaza pasarán allí el mes también.

Las personas que tienen una gran fortuna jamás dirían que tienen una gran fortuna. Para ellos, sencillamente las cosas *son* así. Les resulta tan impensable preguntarse por sus bienes y rentas como ocuparse de ellos. Así son *las cosas*.

Para Pablo las cosas no tienen que ser así, *son* así. «Las cosas tienen que ser como tienen que ser», suele afirmar. Una esposa educada en ese mismo principio básico, que dé a luz a los críos sin demasiado drama y gobierne la casa, que sepa ordenar. Gobernar la casa ofrece el mejor uso de la idea de Gobierno. Esposa, casa, hijos, familia, gobierno de los bienes. Y él, que vigila para que nada destruya familia, esposa, hijos, casa o gobierno. Así es como debe ser. Pablo sonríe sobre sus pensamientos.

María Josefa, la Jefa, ha debido de sentir algo en la estructura de su marido, un temblor o, por el contrario, una ligera relajación de los músculos, porque se yergue aún más y sonríe. Cuando la Jefa sonríe tensa la frente y enarca ligeramente la ceja izquierda, solo la izquierda, para que quede clara la altura, la distancia desde la que regala su sonrisa.

—Mi tío Andrés llegará de México a pasar las navidades.

—¿Viene solo?

—Creo que sí. —Mira un segundo a su mujer y retira inmediatamente la vista—. No vendrá mi tía Cristina, si es eso lo que quieres saber.

—Me parece que no hace falta ponerse de esa manera, Pablo.

María Josefa comparte con su marido la idea de hierro. «Las cosas tienen que ser como tienen que ser.» Y así son. No recuerda haber pensado nunca en el amor. Todo su entrenamiento en lo que lleva de vida, toda su educación ha ido encaminada a denostar tamaña cursilería, propia de empleadas, del servicio, propia de idiotas. Hace ya cinco años que se casó con Pablo. Tienen dos hijos varones, una casa, forman una familia y ella maneja sin pasión el gobierno de todo ello. Como tiene que ser.

–Josefa, no me pongo de ninguna manera.

–Te pones, claro que te pones, Pablo, y sé perfectamente a qué te refieres. Prefiero tener las fiestas en paz.

–Bien, bien. De todas formas a la tía Cristina le gusta más la primavera, más templada. Pienso que este año podríamos viajar nosotros a México. No hace falta que nos llevemos a los niños. Nos vamos el mes de mayo o junio, con buen tiempo. Tendrán ganas de vernos, allí.

–No sé qué pintamos nosotros en México, Pablo... Pero, en fin, si te empeñas, vas tú solo y asunto arreglado. Sin duda, yo estaré mejor aquí. Mi primo Santos espera su nombramiento en la Academia Militar para esas fechas. Y también Paco, en el Supremo. Mi hermana vería mal nuestro viaje, y lo entiendo. Al fin y al cabo es su marido, y llevan tiempo esperándolo. Realmente no sé qué podría hacer yo en aquellas tierras.

La Jefa se detiene y alza la vista en uno de sus característicos gestos de distancia. Alza la vista como enarca la ceja izquierda, como tensa la frente. Como las cosas tienen su orden, las personas ocupan su sitio en el mundo. No moverse del sitio que le corresponde depende de esos pequeños gestos, que a su vez modifican el lugar en el que se encuentran quienes le rodean. La forma de erguir la cabeza y enarcar la ceja izquierda aleja a su interlocutor, y en esa ocasión, sin que ninguno de los dos pueda esperárselo, deja que el azar se cuele entre ellos, y entonces en sus vidas.

Pablo se ha detenido junto a su esposa. Cuando va a responderle, el cambio en su rostro lo deja mudo. La mujer ha perdido el color ante la fila de nichos y mira fijamente algún punto más allá de su marido.

—Pablo —se agarra a su brazo como si se fuera a caer, con las dos manos llenas de uñas—, Pablo, tu padre.
—¿Qué dices, mujer?
—Pablo, mira, es tu padre.

El nicho se encuentra a la altura de los ojos de la Jefa. Está cubierto con una placa de mármol negro grabada en plata. Una única inscripción: Delfín Sánchez Juárez 1882-1935. A la derecha del mármol, un pequeño jarroncillo de cristal labrado con agua luce una rosa fresca. Instintivamente, el capitán Pablo Sánchez (Juárez) Larqué mira a derecha e izquierda, como si pudiera localizar a la persona que ha colocado allí la flor. Parejas y familias pululan adornando la memoria de sus difuntos, hombres con uniformes militares, mujeres con aire de encuentro social y otras encogidas, con la vista en los pasos de sus propios zapatos.

Pablo devuelve la mirada a las letras y entonces, como el rayo, le fulmina el recuerdo de una conversación, un encuentro fugaz en la barra de un bar de Zaragoza, con el camarero.

Había sucedido justo un año antes, en el mes de noviembre de 1944.

ZARAGOZA, 12 DE NOVIEMBRE DE 1944

Aquel otoño frío se había lanzado a dentelladas sobre la miseria de la posguerra y los transeúntes se encogían en prisas callejeras sin destino. En Zaragoza, como en el resto de España, los muertos, los exiliados, los escondidos, los presos, los mudos habían dejado huecos en la realidad que la ciudad no lograba digerir, y las cosas sucedían de forma espesa y dolorosa, ulcerada. Solo los militares y los curas, además de un puñado de familias, parecían conservar el ritmo habitual del vivir. Sobre el resto de los habitantes se había posado una capa marrón de pesadumbre e incluso los trámites más cotidianos parecían penosas tareas. De los agujeros de chaquetones y zapatos brotaba el hálito acuoso de la humillación.

A las nueve de la mañana del lunes 12, las aceras de la calle Jerónimo Blancas aún conservaban una capa de hielo terca. El joven capitán Pablo Sánchez (Juárez) Larqué disfrutaba al sentirla crujir bajo cada paso. Por eso pisaba más fuerte aún. Al contrario de aquellos con quienes se cruzaba, él avanzaba con zancada larga, sin prisa ni ceño. Sin agujeros.

Pasaban cinco minutos de las nueve cuando se detuvo ante la puerta del Salduba, un establecimiento fuera de su rosario habitual de establecimientos. Adentro no había clientes, solo un camarero tras la barra. Cruzó la puerta palmeándose las manos enguantadas en cuero. No se trataba, evidentemente, de un gesto para llamar la atención. No lo necesitaba. El capitán Sánchez (Juárez) Larqué medía cerca de dos metros, era del color de las almendras tostadas e iba enfundado en un impecable abrigo militar de doble botonadura dorada abrochado hasta el cuello. Para cruzar la puerta con holgura, tuvo que colocarse de perfil.

Se acercó a la barra sin taburetes y pidió un vino tinto. Solo entonces el camarero levantó la vista, absorta en la labor de secar los vasos con un paño blanco. Algo o alguien llegado desde el pasado asomó tras sus párpados cuando achinó los ojos, le adelgazó los labios en una duda y le hizo retirar la vista deprisa.

–Parece que ha helado a gusto esta noche –dijo como si nada hubiera pasado por su cabeza.

El capitán siguió quitándose los guantes, sin responder ni darse por aludido. Sus manos eran demasiado pequeñas para aquel corpachón, y si no hubiera sido por el color oscuro, parecerían de otro hombre. El camarero aprovechó para observarle. Volvió a achinar los ojos mientras ponía un vaso sobre la madera y sacaba una botella sin etiquetar de algún lugar bajo la barra. Se acercó al capitán con ella en la mano y empujando el vaso como si lo guiara.

El ambiente en el interior era algo más templado que el de la calle, pero no lo suficiente como para quitarse el abrigo. Pablo Sánchez (Juárez) Larqué se desabotonó y se echó al coleto el vaso de un golpe sin teatro. Se encaró entonces al hombre que seguía frente a él, mirándole con una fijeza inteligente, y le alargó el vaso.

El camarero no era mucho menor en estatura que el capitán, aunque su gran panza esférica lo hacía parecer más bajo. Tenía una cabezota colorada, uno de esos cráneos planos por arriba, con un abundante pelo como cerdas canas cortado a cepillo.

–Qué sabrá el hielo de frío. ¿Y usted, usted qué mira con tanto interés? –En la pregunta del capitán no había ni rastro de incomodidad o violencia. Algo de curiosidad, poca, como la del adolescente que soporta a la madre parada ante la puerta de su dormitorio.

–Perdone la impertinencia, pero usted no es de aquí, ¿verdad?

–Siga. –El capitán volvió a vaciar el vaso, esta vez con algo más de calma, y se sirvió él mismo de la botella que permanecía sobre la barra.

–Yo, ya me disculpará, es que yo a usted le conozco.

El capitán enarcó las cejas con gesto divertido.

–¿Ah, sí? ¿Y de qué cree usted que me conoce?

–Mire, yo hace ya muchos años que estoy aquí detrás. –Mientras frotaba la madera con el paño que llevaba colgado del mandil, el camarero hablaba como se pisa el barro–. Este año se cumplen cuarenta. Sí señor, cuarenta años

El joven Sánchez (Juárez) bajó el vaso que se había llevado a los labios sin probarlo y frunció el ceño. A los veintisiete años, su belleza despedía un resplandor trágico coronado de poder, el de los dioses caídos antes de su tiempo.

–Pero, hombre de Dios, qué me dice. ¿Cuántos años tiene usted?

El camarero le dio la espalda y caminó despacio hacia el extremo opuesto. Una vez que llegó a donde quería, se dio la vuelta y apoyó la mano izquierda sobre una repisa de la misma madera que la barra, donde bajo una capa de grasa descansaba el retrato de una mujer borrosa.

–Cuarenta y siete he cumplido. –Pasó el dedo índice por el borde de la repisa.

–Pues debía de ser usted un crío. –El vaso en la mano del capitán volvía a estar vacío.

El hombre sirvió otro vino y agarró un vaso del fregadero. Empezó a frotarlo concienzudamente con aire pensativo.

El capitán lo apuró de un trago y miró la hora.

—Un momento, señor. —El camarero habló apresuradamente, como quien frena a un vehículo que arranca—. Escuche. En todos estos años, ¡cuarenta ya!, he visto a cientos de personas, a miles de personas, o a lo mejor ya a más de un millón, que son muchos años. Todas las personas que vienen aquí se parecen. Todas las personas, las que vienen aquí y las que no vienen aquí, se parecen, menos algunas personas. Hay algunas personas que no se parecen al resto. Por eso digo que yo a usted le conozco. Ya puede jurar que no me equivoco. Yo a usted le conozco, pero no era usted.

—Pues ya ve qué cosas tiene la vida.

El capitán empezó a abotonarse el abrigo con parsimonia.

—Debía de ser por el año 28 o el 29, porque me acuerdo de que era cuando estaba de alcalde Allué Salvador y cuando arreglaron el Paseo de la Independencia. Estaba todo en obras por aquí detrás, un desastre de polvo. Y porque murió la Engracia —hizo un gesto hacia el retrato de la mujer borrosa—, por eso me acuerdo bien. Entonces solía venir un hombre que era como usted. Un hombre muy educado. Por eso me acuerdo también. Y porque por aquí no pasan muchos hombres extranjeros.

—Ya le he dicho que yo no soy extranjero.

—Aquel sí era extranjero. Parecía un indio.

El joven Sánchez (Juárez) Larqué dejó su vista fija en el tercer botón del abrigo, que quedó a medio abrochar, y a él se agarró. No se movió. Sentía de golpe unas ganas tremendas de orinar y temió que las piernas, que parecían habérsele llenado de arena prieta, no le sostuvieran.

–Y usted no será extranjero –el capitán oyó la voz desde una pecera o con la cabeza sumergida en la tina–, pero lo parece. Lo parece exactamente igual que aquel hombre amable, y si no fuera porque casi han pasado veinte años diría que son hermanos, o que es usted mismo. Fíjese que cuando ha entrado me he quedado de piedra, un aparecido he pensado que era. Y del mismo color, que tampoco hay tantos hombres de ese mismo color en Zaragoza, yo diría que ninguno hay, mire lo que me atrevo a decirle, ninguno más.

ANATÓMICO FORENSE

El telegrama de Cristina Sánchez Juárez decía «No puedo creerlo STOP Mi hermano Delfín en Zaragoza? STOP Parto hacia allá de inmediato STOP Llego miércoles tarde STOP».

Ante los restos exhumados de su padre, el capitán Pablo Sánchez (Juárez) Larqué lo recuerda letra por letra. Después, se hace viejo y sabe que su sed ya jamás tendrá final, que habitará los restos caminando sobre sal, levantando a su paso nubes salinas, como los propietarios de algunas salas de baile rurales siembran de sal el suelo para que las parejas, al bailar, la echen a volar y necesiten pedir otra limonada, otra cerveza.

El capitán sabe de dónde viene el tiro en la cara. No en la frente, no en la sien, no en la cabeza o la nuca, el tiro en el centro mismo de la cara. Venganza y limpieza. Aquel cuya mujer se enamore de otro hombre, aquel que se vea privado del amor y los favores de su esposa por intervención de otro hombre, deberá buscar a dicho individuo y batirse en duelo con él y, en caso de matarlo, borrarle a continuación el rostro de un disparo para que nadie ose velar el cadáver descubierto ni pueda ella volver a contemplar los rasgos de su amado. Lo recita de memoria mientras observa la parte frontal del cráneo del cadáver de su padre reventada de un tiro.

Para ello, antes ha tenido que retirar de encima del rostro un pañuelo femenino de hilo bordado. Un pañuelo que le resultó familiar. En una esquina de la tela, las iniciales CSJ. Cristina Sánchez Juárez.

Se repite: «No puedo creerlo STOP Mi hermano Delfín en Zaragoza? STOP Parto hacia allá de inmediato STOP Llego miércoles tarde STOP».

–¿Se puede saber qué pasa, Pablo?

El joven capitán rebasa a su esposa, la Jefa, y se llega hasta el mueble de bebidas del salón. Llena una copa de coñac y se la echa entera a la boca. La traga sin retenerla. Entreabre los labios y aspira una bocanada de aire para sentir arder la lengua, el paladar y las encías. Sed. De golpe es consciente de que los coches que pasan por la avenida, el ronroneo de sus motores, echan a temblar las hojas de cristal de las dobles puertas de los balcones. Llena la segunda copa pensando en la potencia de las nuevas máquinas.

–Nada, María Josefa.

–¿Era tu padre?

–Imagino que el muerto era mi padre. Vaya –se ríe, se atraganta, tose y le lloran los ojos–, tenía una calavera clavadita a la de mi padre. –Echa un trago de la nueva copa y, esta vez sí, lo conserva en la boca–. Sí, era mi padre. Por lo que parece murió aquí en Zaragoza, en 1935.

–Pero de eso hace solo diez años, Pablo. ¿No había muerto tu padre después de tu madre, cuando tú eras muy pequeño?

–Es evidente que no, María Josefa.

–¿Y qué le vamos a contar a tu tía Cristina? ¿Cómo se lo vas a contar?

–Me temo que ella ya lo sabe.

ZARAGOZA, 10 DE MAYO DE 1957

Con los primeros calores de mayo, Zaragoza parece una prenda blanca lavada y tendida al sol. Siempre es así. Los fuertes vientos del invierno han barrido con insistencia el aire y una claridad de patio sin pecado echa a brillar los brotes nuevos. María Jesús, la tercera hija del teniente coronel Pablo Sánchez (Juárez) Larqué y la Jefa, la menor, brilla como el día. Estrena su primer vestido de esta primavera y ya no parece una niña. Por eso cada tres o cuatro pasos se pasa la mano por la tripa, como si quisiera estirar la tela del camisero nuevo o no acabara de creerse el cambio en su cintura. Agarrada del brazo de su padre, enfila el Paseo de la Independencia sin prestar atención a la evidente cojera que le dejó una poliomielitis feroz. La falda de capa en cuadritos de vichy blancos y amarillos campanea en la celebración de un día de asueto que debe agradecer a la periódica visita al médico. Es viernes, y no volverá al Sagrado Corazón hasta el lunes.

Al pasar frente a la heladería de Los Italianos, aminora el paso y mira a su padre. Le apetece una horchata, pero lo que más le apetece de esa horchata es que su padre le conceda el capricho.

—A la vuelta del banco, nos tomamos una horchata

—propone él sin que haya hecho falta ni siquiera expresar el deseo.

—¿Tardaremos mucho?

Pablo sonríe y no contesta. Su hija se ha estirado y ya luce un cuerpo de mujer curva y espigada, pero donde más evidente se le hace el cambio es en el rostro. María Jesús conserva los enormes ojos negros y los labios carnosos y anchos de siempre, sin embargo, al habérsele afilado los rasgos, los pómulos, la barbilla, la nariz, el exotismo de su fisonomía está alcanzando un esplendor difícil de situar.

Cruzan la puerta de la central que el Banco Hispano Americano tiene en la Plaza de España y se detienen en el centro del gran hall.

—La semana que viene nos trasladaremos a La Torre. —La complicidad entre el teniente coronel Sánchez (Juárez) Larqué y su hija es evidente.

—¿Estará llena la piscina?

—Eso espero, hija.

Es todo lo que les da tiempo a comentar antes de que salga de su despacho el director del banco y salude al militar con un apretón de manos.

—Vaya, esta criatura es ya toda una mujer. —Inclina la cabeza en un gesto de besar la mano de la adolescente. Ella se deja hacer distraída por el ambiente de allí adentro. El olor a tinta, el sonido de las máquinas de escribir y la sensación de trabajo sobre mármol le provocan una sensación de refugio.

El director les indica con un gesto que le sigan hasta una cristalera lateral detrás de la que teclea un joven.

—Este es el hombre que llevará a partir de ahora tus asuntos, Pablo.

El joven levanta la vista. Sus dos ojos de color añil van del padre a la hija durante un segundo antes de que se levante y se acerque a saludar.

—Félix —habla el director del banco—, ya conoces a don Pablo Sánchez Larqué. —El joven asiente con la cabeza.

—Félix Fallarás —se presenta—, para lo que precise a partir de ahora.

—Félix... ¿cómo ha dicho? —pregunta el recién llegado.

—Fallarás. Félix Fallarás.

III. La familia

ZARAGOZA, 12 DE DICIEMBRE DE 1983

El coronel se agarra a su grabadora vieja. Vive en un apartamento de apenas sesenta metros cuadrados en pleno centro rico de Zaragoza, una localidad que a esas alturas, en los primeros años ochenta del siglo XX, empieza a sacudirse el polvo castrense y de convento que lleva años cubriéndolo todo. Curas y militares para una ciudad en medio del desierto, cruzada por el río más caudaloso, dicen los libros de los escolares, de la península ibérica.

El coronel Pablo Sánchez (Juárez) Larqué tiene la grabadora en las manos, la agarra como si pudiera escapar volando. Es una máquina negra poco más pequeña que una caja de zapatos, acabada en cuatro teclas grises y una roja, ya en ese momento un trasto antiguo.

El apartamento está a nombre de su mujer, María Josefa Íñigo Blázquez, la Jefa, de quien se ha separado recientemente.

El coronel, lo mismo que su mujer, acaba de cumplir sesenta y ocho años, aunque, por su aspecto, a él cualquiera le pondría más de ochenta. La cirrosis alimentada primorosamente en las tres últimas décadas con cualquier tipo de líquido que contenga alcohol le tiene el hígado cuarteado, circunstancia que, tras toda una vida de infidelidades, ha conseguido por fin que su mujer le suelte el hasta aquí hemos llegado. Ella asegura haber sido la primera hembra al volante de un coche en la ciudad. Eso casa muy bien con su extravagante separación matrimonial de mujer católica, de casi setenta años, hija de patricio, hermana de aristócrata y miembro de una sociedad pacata y meapilas.

María Josefa, la Jefa, se ha refugiado en casa de su hermana Angelines, viuda de don Francisco González Inglada, magistrado del Tribunal Supremo de España durante la mayor parte del tiempo que duró la dictadura de Francisco Franco. Un hombre justo, dicen en la casa, un santo, el tío Paco.

El coronel se ha quedado en el apartamento contiguo, uno de los tantos que suelen tener en alquiler. La pared del salón en el que ahora se encuentra asido a su grabadora da, al otro lado, al recibidor del gran piso que comparten las hermanas Íñigo Blázquez, Angelines y María Josefa, la Jefa. Ellas, en el tercero derecha. Él, en el tercero centro.

El 12 de diciembre ha amanecido con una de esas nieblas espesas que le recuerdan a la ciudad su vocación de patios militares, una niebla para enfrentar el hambre y la posguerra que ninguno de ellos, ni el coronel ni las hermanas Íñigo Blázquez, recuerda. Posguerra puede ser una idea lucrativa, y a ellos la miseria les pasó de largo. El coronel Sánchez (Juárez) Larqué extiende el brazo derecho hacia la mesita de centro con una lentitud de pensamientos históricos. Rara vez utiliza la mano izquierda, en cuyo brazo recibió el tiro que lo mandó al Cuerpo de Mutilados de Guerra y le permitió dedicarse casi por completo a su despacho de abogado. Saca un cigarrillo del paquete de Rex y agarra con la otra mano el mechero. Como en todas las ocasiones en las que enciende el pitillo, unas cuarenta al día, va chupando y aspirando la boquilla frente a la llama que una mano convulsa sostiene a una distancia adecuada pero nunca fija. Pasa así unos segundos hasta que por fin consigue que la punta del Rex y la llama coincidan. Es el de sus manos un temblor amarillo pardo. Aprieta dos teclas de la grabadora y repite entonces las mismas palabras, exactamente las mismas, que ha pronunciado solo una hora antes:

> El 21 de marzo de 1806, en San Pablo Guelatao, una pequeña aldea de Oaxaca, en México, nació un pobre indito zapoteca cuyo destino era cuidar las ovejas de su familia. Un indito despierto que, gracias a la intervención de aquellos que supieron ver su inteligencia, estudió leyes y acabó cambiando la historia de su país y del mundo entero. Aquel indito que nació pobre y sin recursos mató a Maximiliano de Austria y se convirtió en el presidente más amado, admirado y recordado de México...
>
> Mi abuelo, don Benito Juárez, el Benemérito de las Américas.

Levanta la cabeza y mira a ningún lugar con sus ojos amarillos. El coronel todavía conserva su pelo rojo oscuro sin una cana, aunque ya muy clareado y pegado al cráneo. Se pasa la mano por la nuca, levantando un leve aroma de Aqua Velva.
—Hay que contar esta historia —musita, y tose, carraspea, traga un esputo y vuelve a toser.
Pega una calada al cigarrillo y parece que estuviera casi vacío, tal es la rapidez con que se consume. En un movimiento maquinal se rasca la cicatriz del antebrazo izquierdo, que es de un color café con leche oscuro. Las marcas que tiene en las canillas que asoman bajo las perneras del pantalón gris son del mismo tono.

—Esta es mi historia. Tengo que contarla. —De nuevo la tos, el esputo, la mirada amarilla perdida allá lejos, allá donde hace tantísimo tiempo.

Pablo Sánchez (Juárez) Larqué, el coronel, vuelve a dejar la grabadora sobre la mesa de centro. La palabra *indito* en su boca parece un intruso fosforescente. La palabra *indito* y el coronel habitan universos paralelos y este encuentro en un apartamento de Zaragoza en los años ochenta del siglo XX no puede, no podría suceder.

Por eso volverá a grabar, al cabo de un par de horas, ese mismo arranque sin variaciones.

El 21 de marzo de 1806, en San Pablo Guelatao, una pequeña aldea de Oaxaca, en México, nació un pobre indito zapoteca cuyo destino era cuidar las ovejas de su familia. Un indito despierto que, gracias a la intervención de aquellos que supieron ver su inteligencia, estudió leyes y acabó cambiando la historia de su país y del mundo entero. Aquel indito que nació pobre y sin recursos mató a Maximiliano de Austria y se convirtió en el presidente más amado, admirado y recordado de México...

Mi abuelo, don Benito Juárez, el Benemérito de las Américas.

Al otro lado de la pared, en el gran piso contiguo, las hermanas Íñigo Blázquez preparan para la partida de la tarde bollos salteados rellenos de jamón serrano, croquetas y lo que ellas llaman «huevos del tío Pepe Luis» y que consiste en huevos duros troceados, cubiertos de bechamel, empanados y fritos. Recursos del hambre que no pasaron. En realidad es María Josefa, la Jefa, aún esposa del coronel, quien los prepara. Su hermana Angelines, viuda del excelentísimo señor don Francisco González Inglada, escucha mientras tanto el parte de Radio Nacional, lee el diario y mira pasar el tiempo con elegante serenidad, alguien podría pensar que hueca, pero solo es educación.

21

Mi primer recuerdo del coronel Pablo Sánchez (Juárez) Larqué está ligado a una fotografía, como debe ser. Es una toma de principios de los años setenta, puede que sea del mismo año 1970, o del 71. En ella aparece de cuerpo entero, con una guayabera blanca y un chihuahua en la mano izquierda. Lo sostiene como quien se fuma un pitillo. El coronel casi todo lo hacía como quien se fuma un pitillo. El chihuahua se llamaba Pipa. Detrás del coronel, se puede ver una piscina. Entre el hombre y la piscina, tres árboles y la ligera valla verde que rodea el depósito para que ningún crío se ahogue. En el agua, sobre la que el sol pinta ondas blancas, flota una niña de unos dos años sostenida por un pequeño artilugio hinchable con forma de pato.

Esa niña soy yo.

Las fotografías son los únicos recuerdos que no mienten. Que no se inventan.

Si se tomó, como creo, en 1970, el coronel tiene cincuenta y cuatro años y han pasado veinticinco desde aquel día en que descubrió el nombre de su padre escrito sobre una lápida del cementerio de Torrero. Grande, algo hinchado y oscuro, aparenta más de setenta. No lleva sus gafas franquistas. Las gafas franquistas del coronel, como las de aquel tipo de hombres, eran tan grandes que parecían de mujer, de folclórica. Podría ser porque tapaban más trozo de cara.

Al lugar lo llamábamos La Torre. Era una finca a las afueras de Zaragoza con dos edificaciones de dos plantas y árboles frutales. Largos setos de aligustre delimitaban algunos jardines. Había albaricoques, cerezos, higueras y moreras. Había niños y chicas del servicio. Había jovencísimas madres que tomaban el sol en tumbonas de tiras plásticas azules y blancas, verdes, rojas. Reían discretamente y se pintaban las uñas. Había un jardinero y un pavo real que se llamaba Ego. Ego es sin duda un gran nombre para un pavo real. Un día le pregunté a mi madre por qué se llamaba así, y me contestó que porque siempre gritaba «egó, egó, egó». Las cosas nunca son tan inteligentes como parecen vistas desde lejos.

Afortunadamente, quedan las fotografías.

22

La hija del coronel Pablo Sánchez (Juárez) Larqué, el que llegó al cuartel de Castillejos de Zaragoza en 1936 para unirse al golpe de Estado encabezado por Francisco Franco, el alférez que asistió a un fusilamiento en el cementerio con la entrepierna en carne viva, y el hijo de Félix Fallarás Notivol, el Félix Chico, el que justo antes de ser fusilado contra la tapia de Torrero supo que en realidad querían matar a su padre, se casaron el 29 de junio de 1967.

Tengo ante mí la fotografía. Me estremezco. Miro al coronel.

Miro a Presentación, la viuda de Félix Fallarás. Me estremezco.

23

Me llamo Cristina Fallarás Sánchez (Juárez). Fallarás por parte del Félix Chico. Sánchez (Juárez), por la del coronel.

Hace ya días que salí a buscar a mis muertos, a ver si les encontraba la voz, y acabé instalada aquí, en una casita abandonada en medio de las ruinas de lo que fue la Grand Oasis Park, urbanización parida en los años setenta para que los hijos de los *high class* no tuvieran que mezclarse con el resto. O sea, para evitar la contaminación, qué idiotez.

El coronel. Jugué durante tiempo con la posibilidad de que apareciera. Primero pensé que le preguntaría por qué volvió a España para unirse a la guerra más puta de todas las guerras, a luchar junto a un dictador mediocre, meapilas, chusquero e inculto. Y por qué permaneció. Seguramente, buscaba una justificación, siempre buscamos lo mismo. Luego, un día, sin que hubiera aparecido, caí en la cuenta. Fue la caída de una idiota. ¿Cómo no haberlo visto antes, durante tantos años preguntándome lo mismo? Fue la caída de una ciega por ignorancia. Todo está escrito. Los muertos hablan.

Leo:

El 23 de enero de 1932 (hace ahora setenta y cinco años), a las once de la noche, el presidente de la República, Manuel Azaña, hizo llegar al entonces ministro de Justicia, Fernando de los Ríos, el documento en virtud del cual se ordenaba la «disolución en territorio español de la Compañía de Jesús».

El decreto, publicado al día siguiente en *La Gaceta* –órgano oficial del régimen–, *ABC* y *El Socialista,* estipulaba la propiedad estatal de todos los bienes de los jesuitas, a quienes daba un plazo de diez días para abandonar la vida religiosa en común y someterse a la legislación. No era la primera vez que la Compañía de Jesús sufría una expulsión en España, pero sin duda sí fue la más dolorosa y cruenta.

La disolución de los jesuitas ponía el punto y aparte a una situación de persecución contra la Iglesia que comenzó a fraguarse nada más instaurarse la Segunda República. Esta etapa tuvo su punto culminante con la aprobación del artículo 26 de la Constitución republicana –que declaraba disueltas aquellas órdenes religiosas que impusieran, «además de los tres votos canónicos, otro especial de obediencia a una autoridad distinta de la legítima del Estado»– y con el famoso discurso de Azaña, el 13 de octubre de 1931, en el que declaraba que «España ha dejado de ser católica».

Durante aquellos días llegarían la quema de iglesias y conventos, que se agudizarían tras la disolución de la Compañía y durante los primeros meses de la Guerra Civil. Como apunta el historiador y ex presidente del Parlamento de Navarra Víctor Manuel Arbeloa, «desde los primeros momentos del régimen la Compañía fue objeto de animadversión y persecución».

La ejecución del decreto afectó a los 3.001 jesuitas españoles, además de los 621 que estudiaban en el extranjero. «De golpe y porrazo», constata el jesuita Alfredo Verdoy, «se clausuraron 80 casas de la Compañía en España, echaban el cierre todos sus centros educativos y obras sociales y sus estudiantes se exiliaban a Bélgica e Italia.»

El coronel Pablo Sánchez (Juárez) Larqué fue internado en 1920, con cuatro años, recién muerta su madre Sophie y desaparecido ya para siempre su padre, Delfín, aunque dudo que aquel niño entendiera ninguna de estas dos cosas. Desde entonces, y con la santa putrefacción que la idea encierra, los jesuitas fueron su familia.

En enero del 32, con dieciséis años, vio cómo se quemaban sus posesiones, la que había sido su *casa,* cómo tenían que salir huyendo, abandonando todo aquello que era familiar y creyeron propio. Alguien le oyó entonces jurar venganza, hacerlo con la misma llama con que se empeñó en mantener el recuerdo de su madre, al calor de su segundo apellido.

Las cosas de la Historia, de la historia con mayúscula, modifican nuestras pequeñas, insignificantes existencias. Si el gobierno de Manuel Azaña no hubiera firmado aquel 23 de enero de 1932 la orden de expulsión de los jesuitas, el joven Pablo Sánchez (Juárez) Larqué seguramente no se habría sentido tan brutalmente concernido por la Guerra Civil de un país que nunca consideró del todo el suyo, seguramente habría viajado a México con el resto de la familia que quedaba en España y su hermano Delfín, habría sido como él embajador en la URSS o en Yugoslavia o en cualquier otro país que luego desaparecería...

O no,
o claro que no.

Nosotros, tiempo después, solo podemos elucubrar, lanzar los dados y creer que los ponemos en orden, jugar con las pequeñas existencias, con nuestros muertos y sus acontecimientos. Sin embargo, nos aferramos a ellas y sobre ellas construimos, qué insensatez, el relato de nuestras de nuevo pequeñas existencias y sus acontecimientos, que servirán a otros, en caso de ser muy afortunados, para crear sus pequeñas existencias, y así nuestra pobre identidad, o sea, aquello que con mayor o menor distancia nos separa del prójimo.

Pertenecer.
O dejar de hacerlo.

Desde aquí, desde mis ruinas, recuerdo a los vivos. ¿Qué son los vivos frente a los muertos? ¿Cuál es la importancia, cuál la jerarquía? Desde aquí, después de lo andado, recuerdo a los vivos y me parecen muertos. Eso es la vida. La vida hacia adentro, los muertos como únicos frutos completos. Los vivos como materia inmadura. Los muertos entienden algo que nosotros no alcanzamos. Por eso construyo, construimos, sobre ellos. Nosotros somos sobre ellos.

Ocurrió algo hacia mediados de 2006 que parece una tontería, pero sé que es lo que más le ha impresionado a mi amiga Lu de todo cuanto le he dicho o me ha oído decir, y mira que.

Aquel año aquí todo el mundo era bastante rico. No tanto como en 2002, pero casi.

Ocurrió más o menos como cuando los protagonistas se dejan llevar en pura celebración por la corriente del ancho río, paradisiaco el ancho río, paradisiaca la corriente, paradisiaco el entorno amenizado por el fragor del agua a la carrera y también por los gritos de los monos. Más o menos como cuando la fiesta en la barcaza iluminada empieza a rozar la histeria de la felicidad por el aumento del estruendo, ja, ja, ja, hay que vivir la vida, pásame otro ponche, qué belleza, qué bondad, qué monos. Más o menos como cuando nadie dentro, salvo aquellos a los que la ebriedad impide hablar, se da cuenta de que la batahola no viene de dentro, sino de la catarata total, allá, tres planos más adelante.

Ocurrió una celebración en mi casa con la bañera llena de hielo y botellas de champán francés. Una horterada, un gesto que ahora parece poco austero, pero regresará, es cuestión de tiempo. En mitad de la algarabía me acerqué a mi amiga Lu, que entonces no pasaba de ser una conocida, y le confesé: «Joder, quiero volver a ser pobre.» Lo peor es que lo decía muy en serio.

Pienso ahora: ser pobre como una (de nuevo) forma de pertenecer. Y como una forma de dejar de pertenecer. O también como un castigo.

Toda historia se narra para pertenecer.

24

Hace ya días que salí a buscar. Poco a poco los que ya no viven han ido desfilando por esta casita reventada en buganvilla y hiedra, poblada de pequeños dragones gelatinosos. Voy dejando constancia, los desaparecidos guían mi mano.

Nuestra existencia tiene taaantas formas, asegura el cretino con los ojos en blanco. Tantas como dos, respondo: vida y memoria.

Asisto pasmada a nuestra ignorancia, a lo que nuestra ignorancia tiene de voluntario. Es un acto. Decíamos «De pensamiento, palabra, obra u omisión». No se trata de omisión. Es obra. El olvido es una obra. Nuestra. Por mi culpa, por mi culpa, por mi grandísima blablablá.

No sé cuántos días llevo ya en esta casa. La patita del gorrión sigue colgando en la rejilla del baño de la planta superior. Establecí y he respetado mis rutinas, y pese a ser lo único que tengo, me ayudan a conseguir todo lo demás: alimentos, ropas, papeles, lápices, bolígrafos, jabón. No necesito más. Las gentes que fueron abandonando las casas de la Grand Oasis Park, imagino que después de constatar su fracaso, dejaron tras de sí grandes tesoros que recolecto sin avaricia en mis periódicas incursiones. Aquello que consideramos útil es lo que dejamos atrás.

Al partir, solo llevamos con nosotros lo inútil.

Me llamo y vivo en un tiempo y un país levantados sobre el silencio. Además, tengo mi herida. Todos andamos con nuestra herida a cuestas, lo sé, pero la mía apestaba. Por eso me eché andar y por eso salí a buscar a mis muertos. Las heridas las heredamos. El silencio las infecta.

Las heridas, como el tiempo que vivimos, como este país mismo, abren su pus sobre el silencio.

25

A veces el coronel me sentaba en sus rodillas. Eso solo cuando era muy pequeña. Entonces notaba que todo a su alrededor olía a algo agrio que había sido dulce y que no era del todo desagradable. No tan desagradable como esa tos que nunca acababa de arrancar la flema, tos de un pecho aparatoso como un galeón en medio del Atlántico. Varado. O flotando. Un día le pregunté a mi madre por qué olía así el coronel. «Es el alcohol», me respondió, y su voz no afeaba, ni todo lo contrario.

26

Nuestra vida en Zaragoza, entonces, en mi infancia, se organizaba alrededor del coronel y la Jefa. En realidad, a quien veíamos y tratábamos era a la Jefa, María Josefa Íñigo Blázquez, esposa del coronel. Él estaba siempre en otro lugar, y aun así nos movíamos a su alrededor. La Jefa no tenía igual. Bailaba el charlestón, cocinaba bollos fritos para cien comensales improvisados, cantaba canciones subidas de tono de principios de siglo y por las mañanas salía de compras para volver con las llaves de un par de apartamentos nuevos en el bolso. Luego, llamaba al *Heraldo de Aragón* y volvía a ponerlos en venta.

Entonces llegaba el coronel con el Renault 12 rojo y nos trasladaba a La Torre porque ya había llegado el buen tiempo.

Durante el curso, vivíamos en el centro de la ciudad. Con el calor, nos mudábamos a La Torre y a veces él nos acercaba al colegio con su Renault 12, que nos parecía un gran coche, un trasto enorme e importante. En esas ocasiones desembarcábamos en el Sagrado Corazón con ánimo de veraneantes y todo el resto de las niñas parecían de interior.

Con nosotros, y con los demás tentáculos de la familia, llegaban a La Torre las chicas del servicio. Eran ellas a quienes más tratábamos los críos, en la zona del lavadero, cerca de la gran morera, la mancha de mora negra con otra verde se quita. Hablaban de besos de amor con lengua, de historias con muertos, de remotos poblachos con enormes tocinas a los que alguna vez nos iban a llevar para que durmiéramos sobre la pocilga, que la cerda quita el frío como nada.

Todo sucedía como si la vida tuviera sus reglas y bastara con repetir algunas los días de colegio y otras distintas los fines de semana para que los mayores siguieran riéndose a carcajadas, pintándose las uñas de los pies, bebiendo sus licores y comiendo pimientos asados.

27

En el primer recuerdo que tengo de una casa de verano estoy tumbada en una cama extraña y minúscula que se hunde en el centro. Sobre la pared de enfrente la luz de la persiana dibuja rayas que en el aire de la mañana son hojas de polvo suspendido. Afuera se oye el rugido perezoso de los tráileres que han pasado la noche en la gasolinera de las afueras de la ciudad y se disponen a reemprender camino. Son como leones que despiertan a la llegada de la hembra, dispuestos a montarla, comer y seguir ronroneando moscas, un sonido macho, ajeno y somnoliento. Flota sobre mí algo que no es la pregunta exacta de ¿qué hago yo aquí?, pero tiene su mismo regusto de alcachofa hervida y puerta de colegio.

La Torre estaba al lado de una gasolinera a la salida de Zaragoza.

En el segundo recuerdo, una mujer gorda perteneciente al servicio de mi abuela se tira a la piscina familiar. Todos los niños asistimos boquiabiertos a esa situación excepcional. Ella no pertenece al grupo de niñeras que suele desplazarse a la casa de verano y, sobre todo, ellas, las niñeras, no suelen usar la piscina, o probablemente no la usan en absoluto. Los niños nos arremolinamos en un extremo y yo, que soy la mayor, corro hacia mi madre.

–No lleva bañador, mamá, la Teresona no lleva bañador.

La recriminación de mi madre arranca con una suavidad tan joven que el golpe de ternura me nubla la vista.

–Sí lleva bañador.

Pronuncia la frase, evidentemente una mentira, con esa vehemencia que seguirá aplicando a la realidad hasta el final de sus días. La realidad no es relevante, la realidad no es sino una convención, la educación consiste en redefinirla. Pero la Teresona, sea cual sea la educación, se está bañando con una faja de cuerpo entero color carne que convierte sus tetazas en dos grandes conos puntiagudos sobre un tronco en forma de cuba.

En todos los veranos de mi infancia y adolescencia hay piscinas, extrañas mujeres del servicio doméstico y una realidad a la que pasar el paño dulce de la mentira materna.

28

Qué acierto, qué acierto dejarlo todo y salir a pie, echarme a andar. A medida que han ido pasando los días en la Grand Oasis, se ha afianzado mi convencimiento de que aquel arranque fue ya el primer paso para salvarme, y que sin eso, sin haber echado a andar desnuda de las cosas y las personas, nada de todo esto habría sido relatado.

Aquello que poseemos, que creemos poseer, ahuyenta a nuestros muertos, impide que sus voces lleguen hasta nosotros. Quizás todo silencio, todo miedo, toda cobardía estén construidos para poseer, para acumular, para no perder aquello que creemos poseer.

O podría deberse también a nuestra necesidad de ser amados. O sea, de pertenecer.

Andar como la única forma de recuperar la humanidad. También como una manera de tomar las riendas, de enfrentar todo esto. Las riendas de «mí» frente a ellos. No necesito nada ni a nadie si tengo mis pies. Algo así. Los pies y las manos tengo, no les necesito. Nada necesito para nada. Y por lo tanto puedo escribirme, o sea, elegir el desnudo de mi no pertenencia o de lo contrario.

He elegido. Nada tengo.

Sus transportes cuestan dinero, sus formas de desplazarse. Su agua y su luz cuestan dinero. Su calor cuesta dinero. Yo tengo nada ahora, pero puedo vivir sin sus mecanismos, sus obligaciones, sus construcciones de dependencia. Yo eché a andar desnuda. Esa es la prueba de que puedo: camino. Puedo echarme a andar, he podido, y entonces ya todo es solo una cuestión de tiempo. Soy fuerte porque ando. Soy frente a todos, porque ando.

Y también porque robo.

Vino a verme el loco. No había terminado de caer la noche, así que no tuve ninguna duda de que era él, esa silueta la conozco. Luego, con la oscuridad, cualquiera sabe. Le vi luego la cara, esa cabeza de niño precioso de posguerra, niño crecido comiendo pipas en la esquina. No dijo nada. Cuando estaba vivo tampoco es que dijera muchas cosas. Se sentó a mi lado y encendió un pitillo. Pensé que podría haberme ofrecido uno, y también pensé en preguntarle si llevaba algo encima, alcohol, drogas o unos dados, pero luego me dio pereza. Algunos hombres silenciosos tienen una inteligencia deslumbrante. Son los menos. La mayoría de los hombres silenciosos permanecen callados porque no saben qué decir. En ocasiones ni siquiera saben qué pensar.

—Robo —le dije—. Ahora robo. Lo peor es que no solo robo, sino que pienso en ello.

Con la barbilla casi apoyada sobre el pecho, pegó una calada larga a su cigarrillo y a la luz de la brasa vi cómo me miraba por el rabillo del ojo, levantando solo la vista, no la cara, de esa forma tan típica en que miran los tímidos y los seductores y los culpables. Sonrió un poco con la comisura derecha de la boca.

Seguí:

—Robar es solo una idea, un concepto. Robar es algo que cabe en las cabezas de algunos, pero ya no en la mía.

¿Me explico? Hablo de robar como un delito definido por quien tiene algo. Robar y poseer, pienso a menudo ahora en esto. Poseer como el opuesto del término *usar*.

Hablando de ese tema, usar y poseer, no le dije que en realidad estaba pensando en María Josefa, la Jefa.

María Josefa Íñigo Blázquez, esposa del coronel Sánchez (Juárez) Larqué, le preguntó al joven Félix Fallarás, hijo del Félix Chico, fusilado, nieto del Félix Viejo, cabeza de la UGT por parte de las artes escénicas, hombre que llegaba a pedir la mano de su hija: «Y tú, hijo, ¿cuánto ganas?»

El joven Félix Fallarás quería casarse con la hija de la Jefa y el coronel, qué osadía, quería casarse él, un hijo del hambre, un hijo de la muerte merecida, un nieto del teatro y el socialismo. Él respondió cuál era su salario en una oficina bancaria, a lo que María Josefa, la Jefa, se tomó la molestia de contestar: «Con eso mi hija no tiene ni para papel higiénico.»

Años después, aquella hija, mi madre, e incluso la propia María Josefa, mi abuela, me relataron este suceso más de una vez. Todos aquellos que, con extraña hilaridad, recordaban la breve conversación creían ver un gran desaire en la respuesta del papel higiénico. Sin embargo, la verdadera flecha de matar estaba en su pregunta, en el «¿Cuánto ganas?».

Aquella mujer, María Josefa, la Jefa, no le preguntó «¿Qué posees?», sino cuánto le pagaban por su trabajo. Aquella mujer, María Josefa, la Jefa, daba por hecho que el joven Fallarás no poseía nada, y ahí se encontraba el disparo. El resto fue diversión. Poseer frente a usar.

Robar.

—Andar, robar, poseer, usar. —Con la cabeza echada hacia atrás él había cerrado los ojos. Yo sabía que no estaba dormido. Él jamás durmió—. Ya ves, en estas cosas pienso ahora.

29

La ventaja que tenía La Torre es que allí rara vez veíamos a los familiares uniformados de la Jefa. En su casa sí. A su casa acudían en fechas señaladas, que según las épocas podían ser todos los jueves.

Eran dos hombres y sus esposas, pero ocupaban tanto espacio que no se podía respirar y, de muy pequeña, me provocaban unas ganas incontenibles de llorar y preguntar a gritos dónde quedaba sitio allí para mi mamá. Los hermanos Santos y Benito. Los dos vestían uniforme verde, como el coronel. Los dos alicatados de medallitas y chapas de colores, como el coronel. Santos hablaba pero no tenía voz, solo aire, hablaba como si respirara palabras, y todos al oírle carraspeaban sin darse cuenta y se esforzaban en aclararse la garganta, algo que le hacía reír sin risa. A él, la bala le había entrado por la garganta. Hablaba sin voz, reía sin risa, sonreía sin labios y era el director general de la Academia Militar. Benito, su hermano, tenía la cabeza como una calabaza de cuento, ojeras malvas y hablaba poco. No recuerdo haberle oído una sola palabra. Era el gobernador militar de San Sebastián.

Yo saludaba con un beso a cada uno. Eran unos besos que se quedaban helados nada más rozar sus mejillas, y de eso me acuerdo perfectamente. No eran como el pétalo que en las películas se marchita al instante con el hálito de la muerte. Eran como el pétalo que en la realidad del salón de la Jefa se hiela, cruje y después ya es polvo.

Recuerdo muchos besos helados en aquellas circunstancias, pero ninguno en el que el coronel rondara por ahí. Ni por ningún otro sitio.

30

Al coronel y a su hermano los dejaron varados en casa de unos amigos de la familia cuando murió su madre. Más, en la casa de los amigos de la familia donde acababa de morir su madre tres días después de que también muriera el crío al que acababa de dar a luz.

Pablo tenía cuatro años y su hermano Delfín dos.

Su padre no pasó a recogerlos ni a hacerse cargo de su esposa muerta.

La hermana de su padre, Cristina, los recogió. Los metió internos en los jesuitas. Así se decía, «en los jesuitas».

Su tía Cristina. Por eso yo soy Cristina.

Un día, ella, aquella extraña señora imperial, me trajo de México una muñeca en cuya espalda podías meter discos, pequeños discos de colores. Entonces, la muñeca hablaba.

31

Presumía de haberme llevado él a bautizar. El coronel era así, él. ÉL. Contaba que lo había hecho precipitadamente porque me iba a morir. Eso decía, Antes de que te murieras, como si yo me hubiera muerto justo después. Y algo había de razón en ello, porque con su intervención diez minutos después de que mi madre diera a luz, había pasado él a ser el protagonista de mi nacimiento. Y yo un simple accidente.

Decía que me agarró de los brazos de la enfermera y me llevó a bautizar al galope, como quien salva.

Y que por eso me llamo Cristina, que él, el coronel, me nombró.

A Cristina Sánchez Juárez la llamaban «la abuela Cristina», pero no era una abuela. Jamás tuvo hijos. Tampoco marido u hombre que se le conociera. Llegaba de México y vestía pantalones aunque fuera una mujer con más de noventa años, algo inexplicable aquí. Había nacido en 1881. Además de los pantalones, estaba su altura. En España, la altura de la abuela Cristina resultaba incomprensible.

Creo que solo la vi llegar de México una vez, pero también puede que haya juntado varias en una. Ella era la nieta del presidente Benito Juárez, el llamado Benemérito

de las Américas, etcétera, etcétera, y su llegada tenía algo familiar pero también oficial. Aquella vez que recuerdo fue cuando me trajo la muñeca con el agujero en la espalda para los discos que la hacían hablar.

El coronel y su hermano Delfín no conocieron otra madre. Ni a esa tampoco, pero al menos estaba viva. Vivía y se encontraba en algún lugar. Quiero creer que el coronel la quería mucho y que, de lo contrario, no me habría llamado Cristina.

Luego, mucho, muchísimo tiempo después, más de cuarenta años después de la muñeca, supe sobre Cristina y su hermano Delfín, sobre Pau y San Sebastián. Sobre mí misma, claro, y la carne de la que procede mi nombre.

Si nombrar es sustancial, el nombre es importante.

32

El coronel decía que cuando yo nací, la noticia apareció en los periódicos de México. Yo, al principio, se lo contaba a todos mis novios. Luego dejé de hacerlo, claro, pero ya era demasiado mayor.

33

No creo que el coronel hablara a menudo sobre su orfandad, y sin embargo...

No creo que la orfandad, y todavía menos la propia, fuera un tema que él considerara adecuado para un hombre, para su idea de un macho. Ahí su silencio, ahí su herida, pues. La masculinidad castrense no admite fisuras. Una vez le oí decir: Un hombre no llora ni aunque tenga las tripas en la mano. Se lo contaba a algún niño que no era yo. Yo era una niña. Después venía la conocida historia de cómo mató a un rojo con el tenedor un día que estaba tomando el aperitivo sentado en la terraza de la cafetería Imperia.

No, definitivamente, la orfandad no debía de ser un tema que el coronel comentara.

Yo lo hago por él.

La madre del coronel se llamaba Sophie Larqué y nació en la ciudad francesa de Pau. La madre del coronel murió sola en España, en un pueblo del Pirineo navarro llamado Elizondo.

El padre del coronel se llamaba Delfín Sánchez Juárez y desapareció de su historia y de la historia de toda la familia Juárez, allegados y conocidos el día en que su mujer Sophie murió en casa ajena tras parir a su tercer hijo.

La mayoría de estos datos son fáciles de encontrar sencillamente tecleando sus nombres en internet. Sus vidas son, en cierto sentido, públicas. Él era nieto del presidente mexicano Benito Juárez, mito y referente aún hoy. Ella era su mujer.

A la muerte de Sophie, madre del coronel, cundió entre la familia la historia de que, muy poco tiempo después, semanas, quizás un par de meses después, quién sabe si por amor o por alguna guerra europea, su esposo Delfín Sánchez Juárez, el nieto del conocido como Benemérito de las Américas, había fallecido también.

Pero yo sé que no es así, porque yo he dejado que los muertos hablen. Boquiabierta al oírlos. Boquiabierta al entender que, sencillamente, nadie se había parado a escucharlos.

34

En el principio fue Benito Juárez. Eso está claro. Y en el final, también en el final del coronel.

Mi madre siempre arrugaba la nariz cuando le preguntaba por él, por Benito Juárez, cuyo busto decoraba, entre espuelas de plata, la estantería de la casa del coronel y la Jefa. «Aquellas tierras, aquellas tierras...», decía meneando la cabeza en un movimiento que significaba algo así como te voy a dar un pellizco de monja si sigues por ese camino. Luego a veces añadía «De largas distancias, largas mentiras», algo verdaderamente extraño, ya que no era mi madre mujer de refranes. Cabe también la posibilidad de que no se trate de un refrán.

Siempre que pienso en lo de «Aquellas tierras, aquellas tierras...» recuerdo la única vez que vi llorar a la Jefa. La Jefa era de hierro colado. A la Jefa su marido, el coronel, la había dejado sola desde el día mismo de la boda. A la Jefa sus padres la metieron interna en las ursulinas, así se decía, en las ursulinas, con tres años, y se largaron a África a hacer la guerra. La Guerra de África. Algunos años después, la recogieron y vivió acuartelada con su familia, así se decía, acuartelada. Hay mujeres a las que se las educa. A la Jefa la habían forjado. Era Jefa. Por eso jamás lloraba.

Reía a carcajadas y a veces se enfurecía. Creo que consideraba que ambas expresiones, risa y furia, denotan lo contrario de la debilidad.

Sucedió hacia el final.

En la última etapa de su vida, el coronel se largaba de vez en cuando a México, más de vez en cuando que al principio. Lo hacía como quien sale a tomar unas copas. Sencillamente, se iba, oh dónde está Pablo que no llega a cenar, ay este hombre... Y esto tiene que ver con el estado de ánimo que se le instalaba a mi madre entre los pellizcos cuando le hablaba de Benito Juárez.

Aquella tarde que lloró la Jefa los niños veíamos la televisión en el piso del coronel. Emitían un capítulo de *Orzowei,* una serie de televisión triste como un final polaco, triste y albina. Por eso sé que era sábado. *Orzowei* era la serie de los sábados, y pese a su fealdad era todo lo que nos dejaban ver en la tele durante la semana. Yo solía ver *Orzowei* tumbada bocabajo sobre la alfombra de casa. No sé qué hacíamos, pues, en el piso de la Jefa, pero debía de estar relacionado con la razón por la que ella lloraba, algo que no volvió a hacer delante de nadie.

«Todo mi castillo de naipes derribado», la oí decir antes de que los adultos nos aventaran. Y ya saliendo: «El muy canalla, todo echado a perder, el muy canalla.»

Escondida tras la puerta observé que sus lágrimas parecían de lava y también las vi evaporarse antes de rozar la comisura. Luego, la Jefa quedó en silencio y con ella la casa entera. Algo terrible había ocurrido. Algo perteneciente al mundo incomprensible y destructor de los adultos, que inmediatamente relacioné con el coronel. Con el tiempo, me di cuenta de que también ligaba a los malos momentos del coronel los castillos de naipes y el abandono de las costumbres.

Cuando volvió a hablar, desde mi escondite pude oír la palabra *México,* la palabra *pantis* y la palabra *Cristina.* Una sabe cuándo la nombran, y esa Cristina no era yo, así que solo podía tratarse de la tía/madre del coronel. Sin embargo, la alarma que me produjo oír mi nombre en aquellas circunstancias, con la Jefa como un volcán, con la Jefa habiendo llorado, consiguió que aún hoy asocie la idea de México con unas ganas dolorosas de orinar, y la palabra *pantis,* algo que yo no sabía lo que era, con el dolor íntimo, volcánico, de las mujeres.

El coronel se había vuelto a largar a México.

Cuando eso sucedía, en casa de la Jefa se instalaba una severidad espesa, y las chicas del servicio no salían ni aunque fuera jueves. Se juntaban en el cuarto de la plancha sin hablar. Que las chicas, a quienes ella llamaba «las muchachas», no se rieran cuando estaban solas en el cuarto de la plancha daba una impresión funeral. Los críos nos quedábamos quietos en la habitación con la caja de lentejuelas y las botellas cubiertas con una funda tejida en forma de caniche dejando pasar el tiempo mudo ante las cristaleras.

De «aquellas tierras, aquellas tierras...» venían, en opinión de la Jefa, todas las calamidades, todas las ausencias, todo ese inmenso engaño que no podía comprender.

Nunca se sabía cuánto iba a tardar el coronel en volver de México, si una semana, un mes o toda la vida. Se sabía, sí, que regresaba con el aire cambiado y otro acento en el hablar, con un agujero nuevo en el hígado y labrando cañamazos de melancolía con sus dedos amarillos. Y era un poco más infeliz.

Yo sé que para entender todo esto hay que tener claro que en el principio fue Benito Juárez, presidente de aquellas tierras, aquellas tierras... Y también en el final, el final del coronel agarrado a su grabadora vieja.

35

La Jefa también tenía claro que en el principio había sido Benito Juárez.

Una vez viajé a algún lugar con la Jefa. Lo sé, pero no lo recuerdo. «Vuestro problema», me dijo, «es que no sabéis no hacer nada.» Yo debía de tener entonces unos diez años. «Todo el rato tenéis que estar haciendo algo, algo con las manos, o algo con los pies, o algo con la boca, o algo.» Ella vivía sentada en su sillón de siempre, el gran sillón ante el que todos los miembros de la familia desfilábamos en navidades para que ella nos entregara «el sobre».

«El día que aprendas a permanecer sin hacer nada, no un rato, sino sin hacer nada absolutamente», concluyó, «habrás ganado.»

36

En este lugar en ruinas que habito ahora quedan alimentos. En la mayoría de las casas abandonadas no queda gas, luz ni agua, esos son suministros que uno debe pagar. Por ahora el aire no lo pagamos, así que quedan algunos alimentos y aire.

Qué extrañas cosas se pagan. Eso pensé cuando eché a andar: Pagamos la gasolina, la electricidad, el tren, el autobús, el metro, los aviones... Pero también podemos echar a andar. Echar a andar supone la única forma de transporte por la que uno no paga. Uno paga la velocidad, entonces, o sea, el tiempo. Qué extrañas cosas se piensan.

En mis incursiones en las casas abandonadas de los alrededores he conseguido algunas latas, sal, azúcar, pimienta, guindillas secas, café y cacao. Yo también he abandonado algunos domicilios, normalmente porque sus propietarios me han obligado a marchar. Recorriendo los restos de esta Grand Oasis Park me he preguntado más de una vez qué dejé yo atrás al irme. Claro, uno no piensa en marcharse con la sal y las especias. ¿O sí? ¿Cargué los restos de café junto a ropas y libros en mi última huida?

Me he levantado con resaca de vida rica. Ayer pensé todo el día sobre el encuentro entre Sophie Larqué y Delfín Sánchez Juárez, los padres del coronel, sobre sus paseos por Pau o San Sebastián, sobre sedas, cócteles, hoteles, sombreros, brillos, champán, plata, cisnes, ostras. Me faltan. Hoy, por ejemplo, los echo muchísimo de menos. Es síndrome de abstinencia, conozco bien el síndrome de abstinencia, cuando llevas años matándote lo conoces al dedillo, lo conoces como conoces el ansia de redención, el llanto por el fracaso, el metal helado que capa sobre capa te aísla del dolor y su contrario. Al levantarme me he cubierto con una especie de túnica de hilo que perteneció a alguna mujer de la familia claramente menor que yo. En un gesto distraído, la he reventado y me he echado a llorar.

He pensado Llorar es como regar las fresas y las lechugas. No recuerdo la última vez que lloré, tanto tiempo hace. Llorar es como recordar el sabor de las fresas. Pero con sal.

Imagino a aquel nieto de Benito Juárez, Delfín, instalado en San Sebastián alimentando con pequeñas fresas fragantes a su recién conocida francesita, los dos desnudos, la piel de ella del mismo color que las sábanas de Holanda.

Puedo imaginarlos.

Porque hace poco tiempo, no llega a un año, llamé por teléfono a mi madre, la hija del coronel. O sea, la nieta de Sophie y Delfín.

—Perdona que vuelva a molestarte con las cosas de la familia, pero tengo una pregunta porque hay algo que no me casa.

—No necesitas disculparte. Dime.

Mi madre siempre contesta de forma amable y reticente a mis preguntas. Es la suya una amabilidad que invita a desistir, una cortesía prestada, como cuando nos sacaban a bailar los chicos en las verbenas de verano, en esta misma Grand Oasis Park, y les decíamos que sí, pero interponíamos los brazos rígidos entre sus cuerpos y los nuestros.

—¿Era alta Sophie?

—Bueno, yo a mi abuela Sophie no la conocí...

—Ya, sí, eso ya lo sé. Me preguntaba si por alguna foto o por las conversaciones familiares, sabías algo.

—... pero por lo que tengo entendido era una mujer de una altura normal, no era baja, si es a eso a lo que te refieres. Eso sí, tenía una portentosa melena roja. —La melena roja debe de ser algo que impresionó seriamente a mi madre, o a su familia, porque aparece siempre, siempre, siempre que nombra a Sophie, e invariablemente acompañada del «portentosa».

Me animo.

—¿Algo más? ¿Recuerdas algo más de su aspecto?

—Por lo que tengo entendido, por lo que me contó mi abuela Cristina —María Jesús, mamá, siempre se refiere a Cristina Sánchez Juárez, en puridad su tía abuela, como «la abuela»—, era una mujer muy joven, muy delgada y de piel blanquísima.

Mi pregunta sobre la altura de Sophie tiene que ver con mis recuerdos de su hijo. El coronel era un hombre alto, notablemente alto, sobre todo en la España de mediados del siglo XX. Por eso su piel tinta, tan parecida a la de Benito Juárez, y sus rasgos aindiados resultaban algo incongruentes, claramente exóticos. Él venía de Benito Juárez, se le parecía, pero el presidente era un hombre de muy corta estatura.

Por eso no me detengo.

—Entonces, si me perdonas la pregunta, ¿por qué tu padre era tan alto? ¿De dónde le venía?

–Uy, alto mi padre, tenías que haber conocido a mi abuelo.

–¿Tu abuelo Delfín, el que desapareció, el que se casó con Sophie?

–Sí, sí, Delfín. Claro, yo no le conocí, pero me contó mi abuela Cristina que su hermano medía más de dos metros. Cuando fuimos a San Sebastián a desmontar su casa, descubrimos que todas las camas estaban hechas a medida, eran enormes. Entonces aquí, en España, los colchones eran de 1,85. Y todavía era más alto su padre, el padre de Delfín, el que se casó con la hija de Juárez, José Sánchez.

Por eso puedo imaginar a Delfín y Sophie, los padres del coronel, tumbados sobre la cama. Desnudos. Él, oscuro y enorme. Ella, larga y delgada, clarísima, menuda junto al hombre, coronada de rojo.

Puedo imaginarlo y no quiero dejar de hacerlo porque debo entender algunas cosas. Entender por qué aquel hombre que se casó con la joven francesa y en tres ocasiones la preñó, no acudió a su lecho de muerte. Por qué tampoco acudió a su funeral. Y, por fin, por qué razón no llegó después a hacerse cargo de los dos hijos que quedaron vivos en Elizondo.

Debo entenderlo, porque busco la raíz de la muerte y el silencio. Quién sabe si una excusa.

37

Pablo, el mayor, en algún momento y según cuenta su hija, creyó recordar algo, la figura de un hombre que lo observaba desde la verja del colegio de los jesuitas donde fue internado junto a su hermano cuando tenía cinco años él y tres el pequeño. Pero qué hijo abandonado no cree ver la sombra, la presencia, la mirada del padre desertor. Desertor.

He escrito Desertor.

Sí, en la primera versión de esta historia, el padre de Pablo y Delfín, el joven mexicano Delfín Sánchez Juárez, era un desertor.

Algo así:

> Y muerta la joven Sophie abandonada en soledad, allí quedaron sus hijos a cargo de una familia amiga, unos hijos a los que su padre nunca fue a buscar.

Oh.

Oh, qué pena.

Y me sentaba tan bien la versión, sobre todo para el frágil personaje de Sophie, imaginar al malísimo padre de juerga por el París de posguerra del veinte, rodeado de coristonas, tras haber enviado a su molesta esposa preñada a parir a casa de unos amigos españoles. Me sentaba tan bien porque los malos hombres sin entrañas reafirman mis temores.

Dicho está. Sin embargo.

—Sin embargo no creo que el abuelo dejara allí a mi abuela Sophie abandonada.

Es mi madre, la hija de Pablo Sánchez (Juárez) Larqué, la que me lo deja caer. Y lo hace como hace todo, con ese aire de normalidad, esa ausencia absoluta de drama que convertiría en brisa un tsunami.

Mamá, la hija del coronel, puede cambiar de versión incluso sin hacerlo. En el primer relato de todo esto la oí decir que su abuelo Delfín era embajador de México en París y que mandaba a su esposa Sophie a parir a España, concretamente a Elizondo, a casa de unos amigos.

Después de peinar los archivos de la embajada de México en Francia, volví a hablar con ella, le aclaré que su abuelo nunca había sido embajador allí, que la única mención a su familia en aquellos registros se refiere a su tío, hermano del coronel, también llamado Delfín Sánchez Juárez, por voluntad propia, ya que estrictamente y por cuna era Sánchez Larqué. Además, él había sido embajador en Yugoslavia, Polonia y Guatemala, no en Francia.

Ella sacó una fotografía del joven Delfín Sánchez Juárez, el de verdad, el que se casó con la joven Sophie, ataviado de una guisa que ella consideraba oficial. Inmediatamente después, la foto desapareció.

—No creo que mi abuelo la abandonara así.

—¿Qué crees, pues, mamá?

—Creo que mi abuela Cristina, en fin, mi tía abuela Cristina, le prohibió quedarse con los hijos. —Sus palabras tienen el peso de un copo de nieve, ceniza, promesa de enmienda—. Le robó, por decirlo así, a Pablo y a Delfín. Ella era tremenda.

—Pero Sophie murió en Elizondo y nadie reclamó su cuerpo. ¡Ni siquiera su marido!

—Creo que a mi abuelo Delfín le prohibieron hacerlo. No sé... Creo que detrás de esto hay una historia de amor. Ella, Cristina, era tremenda.

Oiré tiempo después esa expresión, Ella era tremenda, a la hija del coronel. Pero referida a su propia madre.

—No entiendo a qué te refieres. Hace falta algo muy gordo, algo como el *Titanic,* para prohibir a un hombre honrar a su esposa y criar a sus hijos. Me refiero a la amenaza.

—Sí —mi madre parece distraída—, sí, sí, bueno, amenaza es algo muy explícito. Las cosas se saben.

—¿Qué se sabe?

—No sé, hija, qué sé yo lo que era una sombrerera en un hotel de Pau en aquella época. Pues quizás era un eufemismo.

38

Sí, claro, una historia de amor, un eufemismo, una mujer tremenda.

Ha caído la noche en estas ruinas mías, la humedad me ahoga y estoy cansada de familiares.
Mi hermana, su presencia, sigue a mi lado y estoy segura de que va a incordiarme. Así, claro. Así:
—¿Por qué sigues aquí, Cris?
—Estoy buscando.
—Cris, este es un sitio destruido, aquí no queda más que abandono y ruina. Tu Grand Oasis Park ya no existe.
—Efectivamente, Anica, abandono y ruina. Eso somos. Eso soy.
—Déjate de monsergas, qué pesada, déjate de intensidades, siempre igual. ¿Por qué no nos vamos?
—He venido a ver el gorrión.
—¿Qué gorrión?
—¿Cómo puede ser que no tengas idea del gorrión?
—¿Qué gorrión, Cristina?
—El de la rejilla del cuarto de baño.
—Venga, ¿qué hacemos aquí?
—Tú nada. Yo todavía no lo sé.

39

No recuerdo cuándo fue la primera vez que oí esta historia, la de la muerte de la madre del coronel, Sophie, y lo del cadáver de su padre. Sí sé seguro que se la oí contar a mi abuela, o sea una de sus protagonistas, la mujer del coronel, la Jefa. Y también a su hija María Jesús. Yo debía de ser pequeña, y ahí quedó, en el hueco que reservamos a los materiales de la construcción propia, esos guijarros de cientos de historias referentes a los mitos familiares.

Tiempo después, hace pocos años, volví sobre ella.

Los guijarros son arrastrados por la corriente del tiempo, siempre, pero quedan las piedras sillares y una puede regresar.

A la hija del coronel lo que le cuesta es tratar los asuntos de su familia que no resultan claramente gloriosos. Pero acaba hablando, y por experiencia sé que entonces emergen de su memoria episodios sorprendentes, verdaderos tesoros que salen de su boca materna como si estuviera comentando el acostumbrado fresco de la mañana.

No recuerdo por qué estaba yo aquella noche en su casa, pero sí que se trataba de una cena familiar. Terminaba 2009 o quizás ya estábamos a principios del año 10. Sí, más o menos las navidades del 9 al 10. Y también recuerdo que nos acompañaban mi padre, mi hermana y su marido, al menos ellos. La Jefa no se sentó a la mesa. A esas alturas de su vida, mi abuela Josefa ya no se levantaba de su sillón ni para comer. A esas alturas ya casi cabrían dos como ella en el sillón. Permanecía atenta a nuestra conversación sin mirarnos, con la vista fija en uno de los grandes espejos venecianos, en la parte de la estancia que hacía las veces de salón. Se podría haber bailado un vals largo, vuelta y vuelta y vuelta, en ese salón. Los suelos de madera pulida, los descomunales espejos, las cómodas de otros tiempos, los cuadros donde aparecía el coronel cuando era joven, en algunos solo, en otros con ella, todo venía de tiempos lejanos que habían acabado definitivamente, tiempos que si no habían resultado felices era por sortear la vulgaridad. Todo remitía a aquella época a la que pertenecía la Jefa, entonces ya mermada y absorta.

Sobre la mesa baja, plagada de extraños asuntos –invitaciones a bodas de principios del XX, menús de restaurantes desaparecidos medio siglo atrás, cajitas llenas de lentejuelas, fuentes de plata firmadas por magistrados del Supremo–, justo delante de ella, al alcance de su mano, descansaba una fotografía del coronel tomada cuando él tenía aproximadamente treinta años. O sea, cuando nació su hija menor, María Jesús, la tercera, mamá, única hembra del matrimonio. Desde lejos parecía un retrato deteriorado por el tiempo. Si te acercabas, constatabas que en realidad se trataba de una impresión en papel folio de ese mismo retrato.

«Y allí,
sobre los restos de su rostro reventado, estaba el guante de mi abuela Cristina.»

María Jesús Sánchez (Juárez), mi madre, la nieta del muerto, deja caer la tremebunda afirmación del mismo modo que maneja los cubiertos de plata convirtiéndolos en objetos que no existen, afirmaciones que no contienen palabras, movimientos que no desplazan el aire.

Pero las palabras sí salen de su boca.

Las palabras son pronunciadas, y el portento no reside ahí, en que salgan de su boca, el portento reside en por qué brotan en ese preciso momento.

Por qué no antes.

Por qué precisamente durante esa cena, cuando a su madre, la Jefa, le queda apenas un año de vida.

Por qué después de que yo le haya preguntado ya en media docena de ocasiones sobre la muerte de su abuelo Delfín, el padre del coronel.

Por qué, en fin, delante de mí, la que se fue, tan extraña ya para ella, llegada de lejos, convertida por efecto de tiempo y distancia en mera espectadora de lo que allí sucede cotidianamente.

—Y allí, sobre los restos de su rostro reventado, estaba el guante de mi abuela Cristina.

Quiero gritar: ¡Un momento, un momento, un momento! Pero esto lo cambia todo. Todo el relato cambió durante aquella cena. Pensé con el ímpetu de los recién llegados a la descomposición: Ese guante cambia las cosas. Sustancialmente.

Pero la descomposición ignora el significado de lo sustancial. Ignora incluso lo contrario de aquello que ignora, la descomposición.

De eso se trata.

Efectivamente ese guante no cambia lo que sucedió. Porque nadie sabe lo que le sucedió al nieto de Benito Juárez que se casó en Pau con la preciosa sombrerera pelirroja.

No se puede cambiar lo que no existe.

Nosotros, los vivos, solo tenemos pequeños huesecillos del esqueleto de la historia, de esta historia, y con ellos la construimos, evidentemente falsa. No cambia en absoluto lo que sucedió. Lo que sucedió, sucedió, y jamás tendremos idea.

Pero el relato sí cambia, y eso, el relato, es lo único que nosotros tenemos.

O sea, nuestro propio relato. Nosotros somos el relato.

Claro, pero si la hija del coronel...

La hija, sí... Y su mujer, la Jefa, que desde el sillón afirmaba aquella noche levemente balanceando la cabeza, con los ojos cerrados.

40

En casa del coronel y la Jefa había un carro de bebidas y otro de condimentos, había un arcón con un sable y un gran oratorio de madera, había un busto del presidente mexicano Benito Juárez y una colección de espuelas.

El oratorio ocupaba toda una pared del amplio recibidor. Enfrente estaba el arcón. El oratorio daba miedo porque dentro estaba el cuerpo de Cristo, y Cristo era un señor desnudo que sangraba por los clavos incrustados en las manos y en los pies y también por una raja que tenía bajo una de las tetillas. Yo pasaba corriendo por delante del oratorio, no fuera a abrirse la puerta y saliera el hombre sangrante. Las chicas de servicio se santiguaban y parecía lo único que se decidían a hacer con seriedad verdadera. Servía para que el cura subiera a la casa a decir misa, en lugar de tener que bajar la familia del coronel a la iglesia, pero si eso sucedió alguna vez, yo no lo vi.

El arcón daba miedo porque tenía dentro el sable del coronel. «Y entonces yo crucé a nado el Bidasoa para unirme a las tropas del generalísimo Franco», explicaba él una y otra vez. «¿Os lo he contado alguna vez?» Todos sabíamos que teníamos que decir que no. «¿Y cuando estaba tomando el aperitivo en la terraza de Imperia y llegó un rojo?

¿Os he contado cómo le abrí la tripa con un tenedor?» Tampoco.

Entonces se levantaba la manga y nos enseñaba la cicatriz del brazo izquierdo. «Una bala, por aquí entró la bala, y por aquí salió... ¡y seguí luchando!» A veces en la casa olía un poco a carne chamuscada y alguien salía corriendo porque el coronel se había quedado dormido con un cigarrillo en la mano izquierda, la de la bala, que tenía insensible.

41

Con la Navidad llegaban los animales. Hacia el 18 de diciembre, la Jefa sentaba a una de las muchachas del servicio a la puerta de la casa con un cestillo lleno de monedas. Su misión consistía en atender con una propina al constante desfile de enviados y viajeros que llegaban hasta la casa del coronel portando regalos. El coronel, inactivo por mutilado, ejercía de abogado en su despacho del centro de Zaragoza, concretamente en uno de los extremos de la enorme casa donde vivía yo con mi familia.

Un día le pregunté a mi madre el porqué de las bestias. Ella me contestó que el coronel era tan generoso que a las gentes de los pueblos que no podían pagar les llevaba gratis los asuntos con la ley. Parecía una buena explicación.

Entonces, en Navidad, el recibidor del oratorio y el arcón se llenaban de gallinas, pollos, pavos, algún cabritillo y algún cordero, y había que multiplicar el servicio y la despensa. Todo aquello necesitaba una buena explicación, y mi madre siempre tenía a mano la más adecuada.

Un día alguien intentó matar un pato cortándole el cuello. Imagino que pidió a alguna de las chicas del servicio que agarrara el animal por el cuerpo y la cabeza y tensara el gaznate. La operación salió mal, y el bicho huyó de la cocina corriendo, con la cabeza a medio rebanar y despidiendo sangre, salpicándolo todo, seguido por el chihuahua llamado Pipa. Cuando la familia del coronel, sobre todo mi madre, cuenta esta historia, se muere de risa con la imagen.

42

A mí lo que me llamaba la atención es el carrito de las especias: pimientas, pimentones, mostazas, salsas, granos y semillas, polvos, aceites, picaduras, vinagres, vinagretas. Por eso el día que sonó el tiro yo estaba sentada en el suelo del comedor del coronel y la Jefa, junto a la mesa de los mayores.

Debía de ser muy pequeña, porque no recuerdo que hubiera más niños, y porque tampoco entendí nada de lo que sucedió. Yo era la mayor. La hija mayor, la nieta mayor, la sobrina mayor. Era la que estaba ahí, con los mayores, el día que sonó el tiro, y si había algún otro niño en la casa debía de estar en una cuna. O sea, que yo no tendría más de cuatro años.

La escena podría dibujarse en tres viñetas.

Viñeta 1. A la mesa están sentados mi padre y mi madre, los dos hermanos de ella con sus dos esposas, y la Jefa. En la cabecera que da a la puerta con cristalera del balcón, queda una silla vacía, la silla del coronel. A los pies de esa ausencia, junto al carro de las especias que su adicción al tabasco le obliga a tener siempre a mano, yo. En la otra cabecera, la Jefa, y junto a ella una muchacha del servicio sostiene una bandeja.

Viñeta 2. Es una viñeta en negro. En el centro, enmarcada por una gran mancha blanca en forma de explosión, la onomatopeya ¡¡¡BLAM!!!

Viñeta 3. La mesa sigue exacta a como estaba, pero sin comensales. En el comedor familiar solo quedamos la muchacha del servicio y yo, ambas en el mismo lugar exacto que en la primera viñeta. A los pies de ella, la bandeja y un desastre de loza rota.

¡¡¡BLAM!!! El sonido había sido tan fuerte, compacto y cerrado que luego la tía Manuela dijo que ella pensó que se había caído el gran armario del cuarto de matrimonio. La Jefa la miró, levantó la ceja derecha y pidió un descafeinado a nadie en particular.

Fue ella, la Jefa, la primera en salir disparada hacia su dormitorio, situado en la otra punta de la casa. La siguió todo el resto, que quedó apelotonado tras ella cuando se plantó ante la puerta, cortando todo paso.

Adentro, el coronel, vestido de civil, parecía relajado, plantado frente a la puerta abierta del armario de tres cuerpos que solía estar cubierta por un espejo de cuerpo entero. Los brazos del coronel descansaban a ambos lados del cuerpo, en la mano derecha, la pistola Luger alemana comprada años atrás en un saldo clandestino de posguerra mundial. A sus pies, los restos del espejo que hasta unos minutos antes cubría la puerta del armario.

Se había pegado un tiro, el coronel. Más exactamente, le había pegado un tiro a la imagen de sí mismo que le devolvía el espejo. De cuerpo entero. Un tiro de cuerpo entero.

43

Luego me hice mayor.
Hacerse mayor consiste en acatar silencios y reventar silencios e ignorar silencios. Solo eso. Y la posibilidad de pertenecer o dejar de hacerlo.

Esto ya lo he dicho:
Mi primer recuerdo del coronel Pablo Sánchez (Juárez) Larqué está ligado a una fotografía, como debe ser. Es una toma de principios de los años setenta, puede que sea del mismo año 1970, o del 71. En ella aparece de cuerpo entero, con una guayabera blanca y un chihuahua en la mano izquierda. Detrás del coronel, se puede ver una piscina, y entre ellos tres árboles. En el agua, sobre la que da el sol, flota una niña sostenida por un pequeño artilugio hinchable con forma de pato.
Esa niña soy yo.

Esto no:
Mi primer recuerdo de Presentación Pérez también descansa en una fotografía. La mujer se encuentra sentada en un banco de piedra a pocos metros de lo que parece ser una carretera comarcal, o quizás el camino asfaltado de algún

parque de las afueras. Como la del coronel, esta foto está tomada entre 1969 y 1970. La actitud de Presentación destila una humildad limpia de imposturas. La foto se hizo en Tudela. Presentación tiene ya el pelo completamente blanco, y en la foto sostiene a una niña de unos dos años, o quizás menos. Es evidente que si no la sostuviera, se caería.

Esa niña soy yo.

No tengo un primer recuerdo de Félix Fallarás hijo, el Félix Chico. Al coronel y a Presentación les conocí. Al Félix Chico, evidentemente, no. En algún momento de mi infancia debí de preguntar por él y me debieron de contar que estaba muerto. No conservo memoria de que nadie me dijera nunca que fue fusilado en la Guerra Civil española. No recuerdo en absoluto ninguna referencia a su muerte, y sin embargo alguien debió de contármelo, porque lo sé.

Quién sabe cómo funcionan los mecanismos del silencio, y cómo su contrario.

44

La primera vez que asistí a la escena era Navidad, estoy segura, y yo una niña.

Yo conocí a Presentación Pérez, mi otra abuela, la viuda, como una auténtica hija de puta. Yo auténtica hija de puta, no ella. ¿Cómo si no?

Nos regalaba pases para ir al cine, pero nosotras, que éramos imbéciles crías de hija de puta, creíamos que el cine se pagaba solo, que llevar un bono era triste y marrón. Las cosas gratis estaban cubiertas de polvo, las cosas con bono eran además repugnantes y había que tocarlas el menor tiempo posible. Yo conocí a Presentación en una foto donde salimos ella y yo. Detrás hay un paisaje algo navarro, algo aragonés, poyos de piedra, mojones, jerséis de perlé tejidos a mano, no comprados. Las cosas no compradas apestan. Ese tipo de hija de puta. Ese tipo que, siendo ya niña, reparaba en la deformación de los zapatos, masculinos, repolludos allá hacia el arranque del dedo gordo. Unos pies que no saben andar descalzos por la playa más vale que se encierren en sus zapatones; pobres de las gentes que no saben llevar sandalias y quitárselas con soltura para recorrer la orilla y subir en un catamarán.

La primera vez que asistí a la escena era Navidad y yo una niña ya cabrona. La Jefa recibió a Presentación Pérez sin levantarse de su eterno sillón. Junto a ella, en el tresillo contra el gran ventanal, su hermana Angelines sonreía de la misma forma que las niñas buenas recitan el catecismo sin ninguna duda, sabiéndoselo sin ninguna duda, existiendo sin ninguna duda. Angelines sonreía como el último ejemplar de una especie.

En el salón donde se sentaba la Jefa había, que yo recuerde, dos butacones, tres tresillos, una mesa maciza para doce comensales, una mesa de alas para dieciocho comensales, una estantería de tres cuerpos, dos estanterías de dos cuerpos, dos cómodas del XIX, una cómoda del XVIII, dos espejos venecianos de 380 kilos cada uno, una falsa chimenea eléctrica, una mesa de centro de dos por dos metros.

Aquella primera vez fue la del año en que yo hice la primera comunión, o sea 1976. Presentación Pérez, mi abuela, entró en el salón con la misma mezcla de reverencia, pasmo, timidez e inseguridad con que las comulgantes nos acercábamos al altar, de pensamiento, palabra, obra u omisión. Con la campanilla dorada ya en la mano, María Josefa, mi abuela, la invitó a sentarse. Alguien acercó una silla. Hay pobres que no saben nadar. Son un tipo de pobres. María Josefa tenía claro que hay pobres que no saben sentarse en un sillón. Son un tipo de pobres. Alguien acercó una silla, y desde entonces, cada vez que volvió a repetirse aquel ritual, alguien acercaba una silla.

Entonces María Josefa, la Jefa, hizo sonar la campanilla. Al instante apareció una doncella cargada con dos grandes bolsas de plástico. Las dejó a los pies de la anfitriona. Poco a poco, en una ceremonia sin ceremonia, la Jefa fue extrayendo vestidos, visos, chaquetas, blusas, piezas de abrigo y faldas. No muchas. No pocas. Las suficientes.

¿Qué es suficiente?

¿Qué es excesivo?

¿Qué es una sola de esas piezas extendida sobre sus piernas antes de alcanzársela a la doncella para que ella se la alcance a la mujer llamada Presentación Pérez, sentada en una silla traída a tal efecto?

–Tenga, son para usted. A mí ya no me sirven.

–Gracias.

–Quizás le van grandes. Yo soy más alta.

–No se preocupe, muchas gracias, yo las arreglo.

La primera vez que asistí a la escena era Navidad, estoy segura, y yo una niña. Asistí como una verdadera hija de puta. No porque formara parte del séquito de María Josefa, algo no del todo cierto. Yo estaba entre dos aguas, dos abuelas. No por eso, sino porque recuerdo la punzada de pudor que me produjo la escena y pienso ahora que opté. Elegí adónde pertenecer y la prueba es que las siguientes ocasiones en que se repitió, algo así como un par de veces al año durante dos décadas largas, ya encontré normal aquel intercambio. Ya no hubo pudor. Ni siquiera me llamó la atención.

Luego yo, a veces, siendo ya adulta me he emborrachado mucho y me he empeñado en regalar vestidos míos a otras mujeres. Ese acto, ay ese acto. ¿Qué hay en ese acto?

45

Mis recuerdos de mi abuela María Josefa, la Jefa, no pueden ser narrados inocente, objetivamente. Reconozco, cabrona y etcétera, mi debilidad por María Josefa. Ella fue quien me enseñó a bailar el charlestón, quien apoyó mis huidas, quien me puso, sin conciencia ni intención más allá del capricho, el espejo en que me miro.

Sí, vale, María Josefa.

La veo sentada en el sillón en el que dejaba pasar sus últimos años, contándome cuánto detestaba el internado, un lugar donde les obligaban a saludar a la Virgen cada mañana y las niñas más piadosas lamían el suelo por demostrar mayor entrega. Había que besar el suelo y ellas lo lamían. Ese detalle de la entrega, lengua, de la farsa y la saliva, de la representación, me ha acompañado. La miseria de aquellos que entregan su humanidad, y sin ser ella inocente en absoluto.

Esa era la diferencia de María Josefa. No lamer el suelo. No lamerlo, y años después todavía recordar ese detalle y explicarlo. El asco por los píos, los intensos, los místicos, los entregados.

La veo sentada en su eterno sillón. Ahí la recuerdo, ya muerto el coronel, con su foto sobre la mesa frente a ella, un militar joven de rasgos aindiados, y más allá la televisión gritando algún programa de parejas que se detestan. Le encantaban los programas donde las parejas que se detestan airean sus mugres y desearían despedazarse, eso y el bingo. Solo cambiaba esos programas los domingos por la mañana para sintonizar la misa televisada de Radio Televisión Española.

–Qué asco, lamían el suelo. –Lo dice mirándome pero no creo que haya ninguna intención pedagógica en su declaración. Lo único que recuerdo que me quisiera enseñar fue a pellizcar al nieto del jardinero y a bailar el charlestón.

Pellizcar al nieto del jardinero.

Fundamental.

Se llama daño físico.

–¿Y tú qué hacías?

–¿Yo? Yo me reía de las niñas. Las niñas eran unas mierdecitas. Pequeñas mierdecitas.

–¿Te sentías sola?

–Toda la vida es estar sola.

–No, me refiero al internado.

–¿Qué más da el internado? Éramos pequeñas. Así era como tenía que ser. Las cosas son como tienen que ser. Luego, solamente estar sola.

–¿Y tu hermana Angelines?

–Mi hermana siempre ha sido una pusilánime, una devota, pero me llevaba de la mano. Me acuerdo de que Angelines me llevaba de la mano. Era importante. Todas las niñas teníamos que echar por la mañana una monedilla antes de entrar en clase, echarla en la hucha de un Niño Jesús de madera. Cuando entraba la monedilla, al Niño Jesús se le encendía la corona. Nosotras, como estábamos internas, no teníamos monedilla y echábamos un botón. Todas se daban cuenta, porque la corona no se encendía. Entonces mi hermana Angelines, que era cuatro años mayor que yo, me cogía de la mano. Éramos muy pequeñas cuando nos mandaron a Valladolid. Los papás nos montaron en un tren, nos dijeron adiós con la mano, y luego se fueron a África.

—¿Te acuerdas de cuando te casaste con el abuelo Pablo?

—Sí, me acuerdo de que en el cuartel yo había visto a una yegua parir y, después de nacer el potro, pregunté: ¿tan pronto se cierra la tripa? ¿Lo entiendes? Yo no sabía nada. ¿Entiendes eso? Entonces no sabíamos nada de nada, éramos todas unas burras.

—¿Y qué hiciste?

—Pues hija, agarré aquello y le di vueltas al manubrio a ver si pasaba algo.

Confieso mi debilidad por ella.

Pero no borro el pellizco. Pellizcar al nieto del jardinero. Se llama daño físico.

Entre el ejercicio, entre la acción o maniobra del daño físico y su deseo o aliento, media la impunidad, un mundo. No es lo mismo desear un castigo físico que ejecutarlo. En aquellas soñolientas tardes de mi infancia en La Torre, mi abuela materna trató de que yo aprendiera algo que he tardado décadas en comprender: nosotras podemos infligir dolor en el cuerpo de aquellos que nos sirven. No solo la humillación de considerarlos seres inferiores. También dolor. Directo. De piel contra piel. De nuestros dedos y uñas contra su carne. Y más, más allá, contra la de sus criaturas inocentes.

En 1939, recién terminada la guerra, se casó con Pablo Sánchez (Juárez) Larqué, para entonces un portentoso joven militar mutilado cubierto de medallas que había combatido bajo el mando de su padre, el coronel Julio Íñigo Bravo, barón de Apizarrena. En 1945 ella ya había parido a su segundo hijo tras entender que su esposo, sin duda el más apuesto y extraño militar de todo el ejército de Franco, no iba a ser un animal fácil.

46

Todo,
casas de veraneo, piscinas de riñón, pavos reales, trayectos en coche, cristaleras, balcones, buganvillas, tiros, esmalte de uñas,
todo forma parte,
aviones, otras tierras, muchachas de servicio, muñecas con disco, moneditas en Navidad, uniformes, medallas, cuarto de la plancha, arcones, oratorios,
absolutamente todo,
carro de las especias, árboles frutales, urbanización, casitas, caminos de grava, verjas y guardianes, nietos, jardineros,
todo sin excepción
levanta, forma parte de esta construcción sobre el silencio. Y ahí reside la opción.
Mi opción.

47

Esta escena ha ocurrido varias veces.

Mi padre y mi madre están sentados en el salón de casa después de una comida familiar. Mi padre y mi madre se profesan y se han profesado siempre un amor sin fisuras. Nada se sitúa por encima de ese amor, ni sus antepasados, ni sus descendientes, ni siquiera ellos mismos por separado. Así es. En el salón huele a café recién hecho y a la acetona del quitaesmaltes que ella usa para las uñas.

Mi padre se sienta en una butaca. No sé si he visto alguna vez a mi padre sentado en un sillón. Mi madre, en el tresillo de cuero negro, flor de piel, recostada sobre el brazo derecho, con los pies trepados sobre el almohadón. Mientras en la televisión se suceden las noticias a las que nadie presta demasiada atención, pero sin las cuales la escena es impensable, mi madre se lima las uñas, siempre perfectas, y se toma un cortado y una copita de Cointreau.

–¿Cómo os conocisteis?

En una de las primeras ocasiones en las que sucede esta escena, mi madre contesta:

–Fue en el banco. Tu padre trabajaba en el Hispano. Siempre dice que se enamoró de mis manos.

Mi padre, que bebe su cortado junto a una mesa auxiliar, vuelve la cabeza, observa las manos de mi madre y su mirada se adentra hacia algún lugar que no nos pertenece.

No me he preguntado nunca cuándo dejó de responder mi padre a las preguntas porque ya le conocí así. Imagino que, puestos a adoptar el relato del otro, cederle las respuestas evita malentendidos. Mis padres se aman, se han amado siempre, a salvo de malentendidos.

La casa es grande y luminosa. Cada habitación tiene sus portones antiguos de doble hoja y cristalera que dan al balcón de piedra sobre la avenida central de la ciudad.

Y sin embargo.

En fin, pertenecer o no pertenecer.

—¿Cómo os conocisteis?

—Cuando entré en el banco Hispano Americano me pusieron a trabajar a las órdenes de tu padre, para que me enseñara. Él enseguida se fijó en mis manos.

La mitad de los artilugios que guarda el estuche de manicura de mi madre son un misterio punzante. La otra mitad, botecillos con esmaltes en distintos tonos de rojo y un par de blancos nacarados, algodón y acetona. Cuando ya se ha despintado las uñas de ambas manos, mi madre elige uno de los minúsculos frasquitos de cristal llenos de esmalte y lo coloca entre las palmas de sus manos extendidas con los dedos juntos, como para una oración. Entonces, frota las palmas con el frasquillo en medio, para calentar el esmalte y que fluya mejor a la hora de pintarse las uñas. Yo, que he decidido no repetir la pregunta, sé en ese momento que nunca jamás de los jamases sabré manejar todo lo que ella maneja, con semejante pulcritud de uñas, filos y disolventes. Al rodar rápido entre sus manos, el menudísimo cristal choca clinquiclinqui y rechoca clinquiclinqui contra su alianza de matrimonio. Ese sonido, ese y no otro, es la señal clinquiclinqui de que nuestra realidad permanece intacta y que la extrema comodidad de nuestra vida doméstica es inalterable.

48

No recuerdo el día exacto.

–¿Cómo os conocisteis?

No recuerdo cuál fue el día en que mis padres enunciaron, relataron, la clave, pero estoy absolutamente segura de que en aquella escena familiar había un *Telediario* de sobremesa, varios frasquitos de esmalte de uñas, dos cortados, una lima, algodón, acetona y una copita de Cointreau. La paz provocada por el clinquiclinqui del botecillo de cristal contra la alianza de mi madre se imponía a cualquier contrariedad que pudieran ofrecer las noticias.

–Yo conocía a tu abuelo Pablo porque venía a menudo al banco Hispano Americano. A veces venía con tu madre, desde que ella era solo una cría.

Oh.

No sitúo esta frase en el tiempo. Sé que salió de mi padre. Por algo será.

49

Así es, y esto lo sé porque me lo han contado. Debía de correr el final de los cincuenta cuando el coronel Pablo Sánchez (Juárez) Larqué empezó a hacerse acompañar por su hija para algunos recados. Seguramente aquel hecho poco común se debía a que la niña había sufrido una poliomielitis que la colocó al borde de la muerte.

Durante todo el tiempo en que estuvo peleando por sobrevivir, aislada, su madre, la Jefa, se negó a poner un pie en el hospital. La enfermedad, como la debilidad, la cursilería o la pobreza, no entraba en las circunstancias a las que ella pensara asistir.

La niña era la tercera hija del coronel y la Jefa, el único descendiente de sexo femenino. Su padre, el coronel Sánchez (Juárez) Larqué, mi abuelo Pablo, estuvo siempre ahí, al pie de la cama. Después, durante seis meses, cada día la llevó en brazos desde su domicilio en la calle General Mola hasta el Hospital Militar, donde recibía sus corrientes eléctricas. Jamás recuperó la musculatura de la pierna izquierda, pero pudo volver a bailar. Estoy segura de que su cojera influyó sobre la consideración en la que la tuvo mi abuela, la Jefa, su madre. También en la cantidad y la calidad del amor que le brindó o no.

50

La hija del coronel Pablo Sánchez (Juárez) Larqué, el que llegó al cuartel de Castillejos de Zaragoza en 1936 para unirse al golpe de Estado encabezado por Francisco Franco, el alférez que asistió a un fusilamiento en el cementerio con la entrepierna en carne viva, y el hijo de Félix Fallarás Notivol, el Félix Chico, el que justo antes de ser fusilado contra la tapia de Torrero supo que en realidad querían matar a su padre, se casaron el 29 de junio de 1967.

Tengo ante mí la fotografía. Está tomada en el momento exacto en que el sacerdote indica a la contrayente cómo colocar el anillo en la mano del que va a ser su marido hasta el fin de sus días.

En el centro, los novios.

A la derecha del hijo del Félix Chico, Presentación, su madre, viuda con la vista baja, viuda como son las viudas de los perdedores, como son las viudas de todas las guerras civiles y sobre todas ellas la española, viuda desde siempre, e ignorante de dónde estaba el coronel aquella noche del 5 de diciembre de 1936, la noche de aquel día en el que ella se olió que no amanecería, Santa Rita avisa.

A la izquierda de la novia, el coronel Pablo Sánchez (Juárez) Larqué, con gesto de severidad y ofensa, con los brazos cruzados de quien no participa, puestas las gafas de sol de quien no quiere participar, de quien está luchando por permanecer pero ya sale corriendo, de quien se pregunta por qué, de quien se siente protagonista de un fraude estrafalario, el coronel, que ignora que uno de aquellos asesinados en el fusilamiento del 5 de diciembre del 36 era el padre del hombre que desposa a su hija, su única hija.

La foto es en blanco y negro, y su único blanco es el traje de la novia, un traje corto para no ofender a aquellos a quienes esa boda les lleva a clavarse las uñas en las palmas y arañarse los muslos y jurar sin futuro. Traje corto, pelo corto, cortísimo velillo sobre la discreta tiara con flores blancas. Blancas para honrar a aquellos que celebran esa boda, aquellos que no comprenden lo que está sucediendo pero sonreirán al ver feliz al novio. Todos ellos, los unos y los otros, sin saber que con ese gesto, ambos, él y ella, los contrayentes, eligen dejar de pertenecer y por eso su amor será eterno y sin fisuras y sin contradicciones.

La incomodidad de todos, en la imagen, es evidente. A la novia no la ha acompañado su madre. Solo el padre, el coronel, tras sus gafas de sol, que ha tenido la delicadeza de vestirse de civil. De negro. La incomodidad. La imagen cruje y se cuartea y se parte y de las ranuras surge un gas que introduce pesadillas en los animales inocentes. Puedo ver, detrás de los cuatro protagonistas, de pie en la primera fila, a la abuela Victoria, la madre del Félix Chico, a su hermano Ricardo, a la esposa de este. Puedo ver cómo el coronel, pese a no saber quiénes están ahí exactamente, sí es consciente de lo extravagante de su presencia, con los ternos humildes, las paredes blancas y encaladas de una iglesia sin tallas ni ornamentos, de una capilla de barrio, el silencio acumulado de quienes callaron treinta años atrás.

Tengo ante mí la fotografía. La terca, reverente, casi infantil seriedad de ella, que con veintiún años ha decidido dejar de pertenecer. La de él, que, consciente de ello, hará lo mismo.

La hija del coronel Pablo Sánchez (Juárez) Larqué, el que llegó al cuartel de Castillejos de Zaragoza en 1936 para unirse al golpe de Estado encabezado por Franco, el alférez que asistió a un fusilamiento con la entrepierna en carne viva, y el hijo de Félix Fallarás Notivol, el Félix Chico, el que justo antes de ser fusilado supo que en realidad querían matar a su padre, se casaron el 29 de junio de 1967.

Un año después nací yo.

Creo que la serenidad que mi madre muestra en esas fotos, la única serenidad de todos los personajes que aparecen en el álbum, es fruto de haber echado a andar sin nada más que lo puesto. De cómo, en cierto modo, con ese gesto echó a andar y dejó todo atrás.

51

—¿De qué tienes miedo? —me preguntó un día mi madre.

—De los muertos —dije por decir y porque no me atrevía siquiera a pensar de qué tenía miedo. Mis terrores no tienen límite.

—No, cariñico —me contestó con gesto de sorpresa—, de los muertos no se puede tener miedo. Imagínate que un día apareciera aquí mi padre. ¡Qué alegría! —No sentí alegría alguna, ni entendí la suya—. Tendría muchísimas cosas que contarle. Qué alegría, hijica, no se puede tener miedo de los muertos. Hay demasiadas cosas que preguntarles como para andarse con esas tonterías.

Sí, mamá, ya he hablado con ellos. Y tenías razón. Tenían tantas, tantísimas cosas que contar, tantas preguntas que contestar.

52

El silencio se combate, antes, en la familia. El primer silencio que se combate es el íntimo, el familiar. Si ese permanece, y con él su cobardía, nada se puede hacer entre los hombres, nada de valor.

La familia.

Quizás, dado este paso, me atreva a regresar desde las ruinas en las que me alojo desde hace algún tiempo y amar a mis hijos, amarlos con toda la violencia íntima que ese amor merece.

Ahora ya no tengo miedo. Apártense los vivos.

PIES DE ILUSTRACIÓN

Pág. 19. Presentación Pérez.
Pág. 33. Fusilamiento en Zaragoza.
Pág. 51. Pablo Sánchez (Juárez) Larqué.
Pág. 55. Imagen de la Grand Oasis Park.
Pág. 84. Placa en memoria de Félix Fallarás Notivol, «el Félix Chico», incluida en el Memorial a las Víctimas de la Guerra Civil y la Posguerra levantado en el Cementerio de Torrero de Zaragoza e inaugurado el 27 de octubre de 2010.
Pág. 91. Imagen actual de la tapia trasera del Cementerio de Torrero de Zaragoza, donde aún se observan los agujeros dejados por los fusilamientos.
Pág. 100. Fotografía del álbum familiar de los Sánchez Juárez.
Pág. 111. Julio Íñigo Bravo, padre de María Josefa Íñigo Blázquez, «la Jefa». Fue el teniente coronel al frente de la primera brigada de la 105 división del ejército nacional en la batalla del Ebro.
Pág. 130. María Josefa Íñigo Blázquez, «la Jefa».
Pág. 173. Pablo y Delfín Sánchez (Juárez) Larqué disfrazados en su época escolar.
Pág. 175. Cristina Sánchez Juárez en el aeropuerto de Zaragoza.
Pág. 202. Presentación Pérez con la autora.
Pág. 215. Fotografía de la boda de María Jesús Sánchez Íñigo con Félix Fallarás Pérez (junio de 1967).

ÍNDICE

I. El asesinato 9
II. El coronel 93
III. La familia 145
Pies de ilustración 219